# EL GESTOR INMOBILIARIO FUNDAMENTOS TEÓRICOS
## SEGUNDA EDICIÓN. AUMENTADA Y CORREGIDA

FRANKLIN A. DÍAZ LÁREZ

# ÍNDICE

**Capítulo 1**:
El Gestor Inmobiliario. Concepto
y generalidades ............................. 9

**Capítulo 2:**
Principales negocios jurídicos que
se pueden realizar con los
derechos que recaen sobre los bienes
inmuebles ................................. 31

1.- La venta. .............................. 32

2.- El alquiler o arrendamiento. ........... 36

3.- La permuta. ............................ 37

4.- El comodato o préstamo de uso. ......... 38

5.- La donación. ........................... 39

6.- La hipoteca. ........................... 40

**Capítulo 3:**
El Gestor Inmobiliario como
persona natural ............................ 41

**Capítulo 4:**
El Gestor Inmobiliario como
persona jurídica ........................... 51

1.- El nombre comercial y el eslogan ....... 54

2.- La selección del tipo de empresa ....... 56

3.- El documento constitutivo .............. 58

4.- La sede comercial. ..................... 60

Modelo de documento constitutivo de
una Sociedad Anónima (S.A.) ............... 65

Modelo de documento constitutivo de
Una Sociedad de Responsabilidad
Limitada (S.R.L.)...................................................... 95
**Capítulo 5:**
El trabajo del Gestor Inmobiliario.
Atribuciones y funciones....................................... 111
**Capítulo 6:**
La cartera de clientes .......................................... 125
Tipología de clientes............................................. 128
1.- Vendedores...................................................... 129
2.- Arrendadores................................................... 131
3.- Compradores.................................................... 137
4.- Arrendatarios................................................... 138
**Capítulo 7:**
Métodos de captación de clientes........................ 139
Prensa. El mundo de la publicidad
en los periódicos.................................................. 141
Panfletos y volantes ............................................ 143
El mundo de las relaciones interpersonales......... 146
Internet: Una ventana abierta al
mundo de los negocios inmobiliarios ................... 149
Las técnicas de venta "pura y dura".
El vendedor de "puerta fría"................................. 154
**Capítulo 8:**
Técnicas de marketing......................................... 163
**Capítulo 9:**
El fruto del trabajo del Gestor
Inmobiliario: Las ganancias ................................. 191

# CAPÍTULO 1

## EL GESTOR INMOBILIARIO.
## CONCEPTO Y GENERALIDADES

El gestor inmobiliario es una persona, natural o jurídica, que en nombre propio o ajeno, realiza una función de intermediación entre quienes desean efectuar un negocio jurídico con un bien inmueble.

Respecto de este concepto es necesario hacer algunas precisiones.

En primer lugar, aclarar que cuando se dice que es una persona "natural" o "jurídica", nos estamos refiriendo a que puede tratarse de un individuo de la especie humana considerado como tal, o de una empresa. Ambos "personas" desde el punto de vista legal, y como consecuencia de ello, titulares de derechos y obligaciones. De los primeros se dice que son "personas naturales", y de los segundos "personas jurídicas".

En segundo lugar, la expresión "en nombre propio o ajeno" quiere decir que la actuación puede ejecutarla el gestor por sí mismo, o como emisario o mandatario de otro u otra.

Cuando decimos que el gestor actúa "en nombre propio", nos referimos a que lo hace a título personal, es decir, sin representar a nadie sino a sí mismo como persona, como individualidad. Ocurre lo contrario, cuando decimos que el gestor actúa en nombre ajeno, caso en el cual sus actuaciones se hacen "en nombre" de una tercera persona, natural o jurídica.

Esto, que a primera vista aparenta ser algo sencillo, tiene su importancia en función de determinar quién o quiénes serán las personas que quedarán obligadas con la intermediación del gestor. Cuando el gestor actúa a nombre propio, es obvio que se obliga él individualmente, mas, cuando lo hace a nombre de otro (persona o empresa) es el otro el que queda obligado, no él.

Vamos a tratar de explicar un poco más este punto.

Una obligación es un lazo jurídico, legal, que une a una persona con otra. El inquilino de un apartamento está obligado con su arrendatario a pagarle las cuotas de arrendamiento, a cumplir con las estipulaciones de la comunidad de vecinos, a mantener al día los servicios cuyo pago haya asumido, y a no deteriorar el inmueble que se le ha confiado para su uso. Esos son ejemplos de obligaciones.

Otro ejemplo de obligación sería el caso del comprador de un inmueble que pide al Banco un préstamo para pagarlo. Queda obligado con el Banco, durante el tiempo estipulado en el contrato, a satisfacer en tiempo y en forma las cantidades correspondientes a la amortización del capital más los intereses.

Ejemplo de una obligación contraída por un gestor inmobiliario sería la de aquel que conviene con el propietario de un inmueble en buscarle un comprador o un arrendatario con unas condiciones previamente establecidas. El incumplimiento de esta obligación daría lugar a que el propietario pudiera exigir responsabilidades al gestor.

Supongamos que un propietario le confía su inmueble a un gestor inmobiliario a través de un contrato, con la exigencia de que se lo arriende solo a una pareja sin niños y sin mascotas, y resulta que el gestor hace caso omiso de ello y lo arrienda a una familia numerosa, con cuatro niños, dos abuelos, tíos, perros, gatos y loros, y que aún por encima le dejan el inmueble deteriorado cuando se marchan al finalizar el contrato.

Independientemente de la responsabilidad de los inquilinos ante el propietario del inmueble, aquí surge también una responsabilidad por parte del gestor. Podrá ser demandado por el propietario por incumplimiento de contrato, y tendrá que hacer frente a las consecuencias y daños que se deriven de su comportamiento. El incumplimiento de su obligación produjo un daño, y para el derecho "todo aquel que cause un daño a otro está obligado a repararlo". Este es un principio universal del derecho.

Si en este caso concreto, el gestor actuaba en nombre propio, será él personalmente quien tenga que asumir las consecuencias de sus actos. Mas, si el gestor actuó en nombre de un tercero, será aquel quien asuma la responsabilidad del incumplimiento obligacional.

Aclararemos ahora lo que se debe entender por "negocio jurídico".

Tal concepción se refiere a un pacto o convenio realizado entre dos o más partes, cuya finalidad es la de producir consecuencias y efectos legales.

Cualquier persona que no se encuentre afectada por una limitación legal, puede realizar pactos o convenios destinados a producir efectos jurídicos, o lo que es lo mismo pero dicho de otra manera; puede contratar. Ejemplo de personas limitadas para contratar son los menores de edad y los discapacitados mentales, entre otros.

Un contrato es un convenio entre dos partes destinado a producir consecuencias legales. Es una forma de crear leyes, si se toma al pié de la letra eso que se dice de que el contrato es "ley entre las partes". Los contratantes deben respetar el contrato tal y como respetan al resto de las leyes. Las cláusulas, o partes de un contrato, son normas jurídicas de obligado cumplimiento para los intervinientes. Siempre y cuando tales cláusulas no contradigan lo dispuesto en el ordenamiento jurídico vigente. No sería válido un contrato de arrendamiento en el que se estipule, por poner un ejemplo, que una casa se tenga que destinar exclusivamente a la venta de drogas, a la prostitución, o a cualquier otra actividad prohibida por las leyes.

Por último, y esto es muy importante, aclarar lo que se debe entender por "bien inmueble".

Lo primero es definir qué son. ¿Qué es un bien?

Un bien es un objeto o una cosa que tiene una utilidad, y que es susceptible de ser valorado económicamente. Esa es la concepción.

Existe una multitud de clasificaciones de los bienes. La que aquí nos interesa es la que los separa en "muebles" o "inmuebles".

¿Qué son los bienes inmuebles?

Una noción sencilla nos explica que son los que no se pueden desplazar de un lugar a otro sin perder su esencia, su substancia.

No te puedes llevar una casa de un lugar a otro sin destruirla (a menos que se trate de una casa rodante, claro está). No puedes transportar un terreno de lugar. No podrías quitar un apartamento de un edificio para colocarlo en otro.

A los bienes inmuebles también se les suele llamar "bienes raíces", porque se considera que están adheridos al suelo, atados al piso con una raíz, como los árboles.

Y los bienes muebles... ¿Qué son?

Por contrapartida, se considera que son bienes "muebles" los que sí se pueden desplazar de un lugar a otro sin que por ello pierdan su esencia.

No deja un televisor de ser lo que es porque lo traslades desde la tienda hasta tu casa, a menos que por el camino se te caiga y se dañe.

¿Cuáles son entonces los bienes inmuebles y cuáles los muebles?

Son bienes "inmuebles" las casas, los edificios, los apartamentos, los terrenos y las fincas. Por contrapartida, los bienes "muebles" son los muebles propiamente dichos (sofás, sillones, sillas), los electrodomésticos (televisores, planchas, radios, ordenadores, etc.), las camas, comedores, bibliotecas, etc.

También se considera bienes muebles a los vehículos automotor, las embarcaciones de todo tipo (barcos, yates, lanchas, etc.), y las naves y aeronaves (aviones, avionetas, cohetes, etc.). Estos se diferencian del resto de bienes muebles en su elevado valor económico. Precisamente por eso, tienen un régimen de registro del que no gozan los demás (registro automotor para los vehículos; registro de naves y aeronaves; registro de la marina mercante para los barcos, etc.) Se dice que estos son una especie de "bienes muebles registrables".

Decir también que hay determinado tipo de bienes muebles que aún siéndolo por su naturaleza, las leyes los consideran inmuebles. Tal es el caso, por poner un ejemplo, de los bienes muebles adheridos a una casa o apartamento, como la cocina empotrada o las instalaciones eléctricas o sanitarias, que son considerados inmuebles por su destinación.

¿Cuál es la importancia de esta distinción?

El elemento de mayor trascendencia en cuanto a la consideración de un bien como mueble o inmueble, radica en cómo se realiza la comprobación de quién o quiénes son los titulares de los derechos que sobre ellos pesan en un momento determinado, es decir, quiénes son sus dueños o legitimados a utilizarlos.

En materia de bienes inmuebles, se considera que el propietario es el que así aparece como tal en el registro de la propiedad inmobiliaria. Existe un registro específico de los derechos sobre los bienes inmuebles.

En cuanto a los bienes muebles se refiere, se considera su propietario a aquella persona que lo posee, al que lo detenta materialmente, con la excepción de los bienes muebles registrables que señalamos anteriormente.

No habría que ir a ningún registro a averiguar quién es el propietario de un televisor, un teléfono o una consola, porque simple y llanamente tal registro no existe.

Se dice que en cuanto a los bienes muebles se refiere, la posesión equivale al título. Es decir, que el poseedor es el titular del derecho sobre el bien, salvo prueba en contrario, obviamente. No se podría considerar titular del derecho de propiedad sobre mi teléfono móvil, por el simple hecho de detentarlo materialmente, al ladrón que me lo sustrajo, o a la persona que se apropió indebidamente de él. Por eso se dice lo de "salvo prueba en contrario".

Sobre los bienes, cualesquiera que estos sean, existen "derechos". ¿Qué son estos derechos?

Los derechos son entidades abstractas, creaciones de la mente humana. Son una especie de "ideas". No son objetos que se puedan palpar o tocar, como una silla o un vaso, sino formas de apreciación de la realidad. ¿Cómo es esto?

Vamos a tratar de explicarlo.

Los humanos apreciamos el mundo que nos rodea a través de ideas, de nociones, que no son otra cosa que conceptos. Hay conceptos abstractos y conceptos concretos. Ejemplo de un concepto concreto sería el de una silla. Cuando pienso en una silla sin mirarla, me viene a la mente la noción de un objeto de cuatro patas con un lugar para sentarse y un espaldar. Eso es concreto. Pero cuando pienso en un derecho, no me viene a la mente un objeto concreto, definible, sino una "idea", una noción que puedo conceptualizar solo a través de determinadas características. Ese es un concepto abstracto.

No es lo mismo el derecho en sí mismo que el bien sobre el cual recae. Son dos cosas muy distintas. Una cosa es una casa y otra muy diferente el derecho de propiedad sobre ella. Es muy importante tener presente esta diferencia.

Vamos a tratar de demostrarlo con un ejemplo.

Una persona compra un teléfono móvil en una tienda. Va con él a un supermercado y lo deja olvidado en una estantería.

Pregunta:

¿Dónde está el teléfono?

Respuesta:

En la estantería.

Pregunta:

¿Dónde está el derecho de propiedad sobre el teléfono?

Respuesta:

Lo posee el comprador olvidadizo.

Si una tercera persona se encuentra el teléfono y lo lleva consigo a su casa, no se lleva el derecho de propiedad con él, sino el teléfono, que no es lo mismo.

¿Eh? ¿Cómo es esto?

¿Y entonces? ¿Dónde está el derecho? ¿Estará en el bolsillo del comprador? ¿Formará parte del teléfono? No. Ninguna de las dos respuestas es correcta.

El derecho de propiedad sobre el teléfono está en la mente del comprador. Es una idea suya. Pero no es una idea simple y solo eso, sino una forma de apreciación de la realidad que puede probar. Una idea a la cual las leyes atribuyen validez y eficacia jurídica, y en cierta forma, existencia propia.

Algunos podrán decir que el derecho está en la factura emitida por el vendedor, pero no es cierto y lo podemos demostrar. La factura, o el ticket de compra, solo son la prueba de la existencia del derecho, pero no el derecho en sí mismo. Si fuera así, al extraviarse la factura o el ticket de compra, se perdería el derecho, y no es así.

Si al comprador se le extravía la factura o el ticket de compra, lo único que tiene que hacer es acudir a la tienda donde compró el teléfono y solicitar una copia. Y si la tienda no se la puede dar porque ha cerrado o la extraviaron, podrá acudir a otro tipo de pruebas para demostrar la existencia del derecho, como la de testigos por ejemplo.

Como se ve, los derechos son entidades abstractas, como se dijo al principio. Concepciones de la mente humana a las que las leyes dotan de existencia propia, autónoma, independiente, y que atribuyen determinado tipo de facultades a sus titulares.

Estos "derechos" de los que aquí venimos hablando, no pueden existir solos, por sí mismos, desligados de un titular. No se para uno en la ventana de su casa a mirar los derechos pasearse por allí, como si de una persona o animal se tratase (a menos que quieras que te internen en un hospital psiquiátrico).

Todos los derechos recaen sobre unos bienes. Dicho de otra forma; todos los bienes tienen sobre sí unos derechos, y a su vez, estos son propiedad de alguien, de una persona. No existe ningún bien, entendido como tal, sobre el que nadie tenga algún derecho.

Repetimos: todos los bienes, sean muebles o inmuebles, tienen sobre sí unos derechos de los que alguien es titular.

Se trata de un trío indivisible: derecho - bien - persona titular.

Las personas no tienen "bienes" en sentido estricto, sino "derechos" sobre ellos.

¿Un diamante que nadie ha encontrado es propiedad de alguien?

La respuesta es no, porque ni siquiera es un bien considerado como tal. Como dijimos en su momento, para que un objeto sea considerado como "bien", debe tener una utilidad y ser susceptible de valoración pecuniaria.

¿Cómo va a tener utilidad un diamante que nadie ha encontrado? Eso sería como estar enamorado sin saber de quién. Al momento que alguien encuentre el diamante comenzará a ser un bien, no antes. Solo así podrá ser considerado como un objeto útil y será susceptible de valoración económica. Hasta entonces solo será una piedra más de las cientos de miles de millones que hay en nuestro planeta.

Los derechos sobre los bienes, según la concepción que venimos manejando, atribuyen "facultades" a quienes los poseen.
Dependiendo del derecho que se tenga, será la facultad que el mismo atribuya a su titular.

No tiene las mismas facultades sobre una casa su propietario que su arrendatario.

¿Cuáles son esas facultades que atribuyen los derechos a sus titulares?

Únicamente tres. A saber:

1.- El derecho de uso.

2.- El derecho de usufructo.

3.- El derecho de abuso.

Como se puede observar, a pesar de que se ha hablado de ellas como "facultades", en realidad también son a su vez "derechos". Vamos a tratar de definirlas.

El derecho de uso, como su nombre lo indica, es aquel que atribuye a su titular la facultad de usar el bien; de utilizarlo.

El propietario de una casa o de un apartamento tiene el derecho de usarlo, pero se lo puede ceder temporalmente a otra persona a través de un contrato, como sería el caso de un arrendatario.

En tal eventualidad, el propietario perdería temporalmente el derecho de uso mientras dure el contrato de arrendamiento. El propietario no podrá usar el bien por muy suyo que sea, mientras se encuentre vigente el contrato. Ha transferido su derecho de uso a otra persona.

El derecho de usufructo es el derecho de percibir los frutos que produzca un bien.

En el mismo ejemplo anterior, el propietario de la casa o apartamento en cuestión, tiene el derecho de percibir los frutos que produzca el mismo, en este caso, el canon de arrendamiento. Esos son los frutos. También podría ceder este derecho a un tercero, en este caso a su arrendatario, permitiéndole a su vez subarrendar el inmueble.

Por último, en cuanto al denominado derecho de abuso, decir que es el derecho de hacer con el bien aquello que nos venga en gana.

El propietario de la casa o apartamento de que venimos hablando, podría hacer con ella lo que quisiese, con la única limitación de lo que le impongan las leyes. Si se trata de una casa, podría pintarla de colores fluorescentes, ponerle el techo de vidrio, cambiar la distribución de los espacios interiores, o incluso destruirla total o parcialmente si así lo desea. Pero si se trata de un apartamento, no podría destruirlo por estar adherido a un edificio.

Hacer todo lo que le venga en gana no es una expresión que se deba tomar al pie de la letra. Tiene su limitación en aquello que prohíban las leyes. No podría el propietario de una vivienda modificar su fachada a su antojo si así se lo prohíbe expresamente una ordenanza municipal. Tal sería el caso, por poner un ejemplo, de algunas viviendas con fachadas consideradas de interés histórico o cultural.

Existen otros derechos sobre los bienes, como la hipoteca o la prenda, que además de serlo también son a su vez contratos, y que atribuyen a sus titulares la facultad de disponer de ellos en caso de incumplimiento de una obligación principal. De esto se hará una exposición detallada más adelante.

Una vez realizadas estas aclaratorias, decir que de aquí en adelante centraremos nuestro estudio en los denominados "bienes inmuebles" (edificios, casas, pisos, apartamentos, fincas y terrenos), en los derechos que sobre ellos recaen, en las distintas clases de negocios jurídicos que con ellos podemos realizar, y en las técnicas de ventas y comercialización. Este será nuestro objeto de estudio.

Con los "derechos" que las personas tenemos sobre los bienes inmuebles, se pueden realizar diversos tipos de "negocios jurídicos". No se realizan las transacciones con los bienes considerados como tal, sino con los "derechos" que sobre ellos recaen.

Hay que distinguir entre nuestra forma de hablar del día a día de lo que realmente ocurre. Cuando vamos a una cafetería, por poner un ejemplo, no le decimos al encargado que nos traslade el derecho de propiedad sobre un café para ejercer sobre él el derecho de uso y abuso, sino simplemente que nos dé un café, o que nos venda un café. Pero en realidad lo que sucede es lo primero. Si a un cliente se le ocurre pedir que le sirvan un café diciendo lo primero, lo menos que le puede ocurrir es que lo tomen por chiflado, por mentecato, o por imbécil.

Sin embargo, para quienes nos vayamos a dedicar a esta actividad, es muy importante tener meridianamente claras estas nociones. Nos servirán para entender bien los vericuetos y entresijos del submundo de los negocios inmobiliarios.

Si no has entendido bien lo que has leído hasta ahora, vuélvelo a leer una vez más y las que sean necesarias hasta que lo tengas asimilado plenamente. Es solo una sugerencia que más adelante me agradecerás.

¿Ya lo hiciste? Pues continuemos.

# CAPÍTULO 2

## PRINCIPALES NEGOCIOS JURÍDICOS QUE SE PUEDEN REALIZAR CON LOS DERECHOS QUE RECAEN SOBRE LOS BIENES INMUEBLES

Los principales negocios jurídicos que podemos realizar con los derechos que recaen sobre los bienes inmuebles son:

1.- La venta.

2.- El arrendamiento.

3.- La permuta.

4.- El comodato o préstamo de uso.

5.- La donación.

6.- La hipoteca.

## 1.- LA VENTA:

Es un contrato mediante el cual una persona llamada "vendedor" se obliga a transferir a otra llamada "comprador", EL DERECHO DE PROPIEDAD sobre un bien inmueble a cambio de una cantidad de dinero.

Como se puede apreciar en el enunciado de este capítulo, no son los bienes como tal lo que se transfiere, sino los derechos sobre ellos, en este caso el de propiedad. Los negocios jurídicos no se realizan sobre los bienes como tal, sino sobre los derechos que sobre ellos recaen. Esto es algo que tenemos que tener muy presente.

¿Qué es entonces el derecho de propiedad?

El derecho de propiedad es aquel que atribuye a su titular la totalidad de facultades que se puede ejercer sobre un bien.

Es el único de los derechos que recaen sobre los bienes, que confiere a su titular la totalidad de las facultades que se pueden ejercer sobre él. Ya sabemos que estas facultades son el derecho de uso, el derecho de usufructo y el derecho de abuso.

Solo el titular del derecho de propiedad puede realizar este negocio jurídico. Esto, que parece una obviedad, presenta cierta complejidad en determinados supuestos. Lo primero es la determinación de la titularidad del derecho. ¿Quién es el titular del derecho de propiedad sobre un bien inmueble? ¿Cómo lo podemos saber?

Si hemos leído con atención el capítulo anterior, sabremos que el titular del derecho de propiedad sobre un bien inmueble es el que así aparece como tal en el registro de la propiedad de los bienes inmuebles.

Pero esto no siempre es así. Se nos pueden presentar algunas situaciones complejas que bien vale la pena analizar.

El primer problema con el que nos podemos topar es que el bien inmueble no se encuentre registrado. ¿Cómo se hace en estos casos?

Corresponde al vendedor solventar esta situación. El vendedor tendrá que registrar el bien inmueble a su nombre si desea venderlo. No se debe intentar hacer negocios con un bien inmueble que no se encuentre registrado. El registro es lo único que dará confianza al comprador y al gestor inmobiliario de que el derecho de propiedad que se quiere transmitir pertenece a aquel de quien dice ser. Es para eso precisamente que existe el registro de bienes inmuebles; para dar confianza en el tráfico jurídico de los derechos sobre ellos.

En segundo lugar, podemos encontrarnos también con la situación de un bien inmueble que no tenga un solo titular, sino varios. Huelga decir que todos tendrían que estar dispuestos a venderlo para que se pueda llevar a cabo la negociación.

Puede ocurrir que se trate de un bien heredado. Solo cuando los herederos decidan realizar la partición de la comunidad hereditaria se podrá vender el bien. También puede ocurrir que el bien forme parte de una comunidad conyugal, o de una sociedad mercantil. En todos estos casos, tiene que haber autorización expresa de todos los copropietarios para que el bien se pueda vender.

Por último, comentar que nos podemos encontrar también con la situación de que el bien inmueble objeto del negocio se encuentre gravado con un derecho de hipoteca. En este caso, solo se podrá vender el bien si antes se libera la carga del derecho hipotecario, o si así lo autoriza expresamente el titular del derecho de hipoteca. No es que no se pueda vender el bien si está hipotecado, sino que las partes contratantes y cualquier tercero interesado tienen que dar su autorización. De lo contrario, ¿cómo se le quedaría la cara al comprador si después que ha realizado el negocio se entera que el piso o casa que compró está hipotecado?

Por otra parte, decir que es muy importante que el vendedor reciba a cambio de la transferencia del derecho de propiedad, una cantidad de dinero y no otra cosa (un bien o una gestión humana). De lo contrario estaríamos hablando de otro tipo de negocio jurídico y no de una venta como tal.

## 2.- EL ALQUILER O ARRENDAMIENTO:

Es un contrato mediante el cual una persona transfiere a otra el DERECHO DE USO sobre un bien inmueble determinado, a cambio del pago de un canon.

Solo aquel que posee la titularidad de un derecho puede transferirlo. Esto es una obviedad. Sin embargo, la traemos a colación a propósito de explicar lo siguiente.

En principio, el derecho de uso sobre un bien determinado corresponde en exclusiva al titular del derecho de propiedad. Pero esto no tiene que ser siempre así por fuerza. Un tercero no titular del derecho de propiedad podría transferir el derecho de uso sobre el bien. Es el caso del arrendatario que ha sido autorizado previamente por el propietario a subarrendar. También es el caso de aquel a quien se le ha dejado el bien para su uso y disfrute sin limitaciones.

## 3.- LA PERMUTA:

Es un contrato mediante el cual cada una de las partes contratantes se obliga a transferir a la otra EL DERECHO DE PROPIEDAD sobre un bien.

Este contrato es conocido vulgarmente como trueque.

## 4.- EL COMODATO O PRÉSTAMO DE USO:

Es un contrato mediante el cual una persona le transfiere a otra EL DERECHO DE USO sobre un bien inmueble determinado, sin que medie a cambio ningún tipo de contraprestación.

Es decir, que este es un contrato por el cual una persona le cede a otra el derecho de usar un bien inmueble determinado sin cobrarle nada a cambio. De gratis.

## 5.- LA DONACIÓN:

Es un contrato mediante el cual una persona transfiere EL DERECHO DE PROPIEDAD sobre un bien inmueble a otra, de forma gratuita, es decir, sin recibir nada a cambio.

## 6.- LA HIPOTECA:

Es un contrato por el que se constituye un derecho a favor de un tercero para garantizar el cumplimiento de una obligación principal. Se dice que es un derecho supeditado al cumplimiento de una obligación principal, de la cual depende. Extinguida la obligación, se extingue a su vez la hipoteca.

Su importancia radica en que si el deudor incumple sus obligaciones, el titular del derecho de hipoteca puede hacerla ejecutar judicialmente pidiendo a un tribunal el remate del bien hipotecado.

## CAPÍTULO 3

## EL GESTOR INMOBILIARIO COMO PERSONA NATURAL

Cualquier persona, sin limitaciones legales derivadas de su edad o condición mental, puede dedicarse al negocio de la intermediación inmobiliaria. No se requiere estar en posesión de titulación académica específica. Se necesita, como no podía ser de otra manera, de algunas nociones fundamentales que el ejercicio irá incrementando y perfeccionando, pero no se requiere estar en posesión de un título universitario.

Es obvio que un licenciado en ciencias empresariales, economía, derecho o sus similares, tendrá muchísimo más conocimiento del mundo inmobiliario que una persona que no ha obtenido tales formaciones. Sin embargo, lo que queremos dejar sentado es que cualquiera que se quiera dedicar a este tipo de actividad,

41

puede hacerlo sin la limitación que implica el ejercicio de otro tipo de ocupación humana.

Para ejercer la defensa de un ciudadano ante un tribunal se requiere estar en posesión del título de abogado, para operar a un paciente en un quirófano se requiere tener el título de médico. Eso solo por poner dos ejemplos. Para intermediar entre dos personas que necesitan hacer un negocio inmobiliario no hay que tener más que la voluntad y las ganas de hacerlo.

Esto que queda dicho, tiene sus variaciones importantes dependiendo del país del mundo en el que uno se encuentre. Vamos a intentar explicar esto.

Hay lugares del planeta en los que sus habitantes se pueden dedicar a hacer lo que les venga en gana sin mayores limitaciones. En muchos países del continente americano o africano, cualquier persona puede colocarse un cesto de frutas sobre la cabeza y salir con ellos a la calle a venderlos en cualquier avenida de su ciudad. Y nadie le dirá nada. No tendrá que cumplir ningún requisito legal previo. Mas, en los países europeos y en otros de los denominados "desarrollados" (como por ejemplo Japón o los Estados Unidos), al que encuentren vendiendo frutas con un cesto en la cabeza lo sancionarán y le prohibirán expresamente continuar con esa conducta, porque las actividades humanas se encuentran expresamente reguladas y organizadas.

La mayoría de las veces no se trata de ausencia de normativa, sino de incumplimiento de la existente. Este no es un tema a tratar en este texto, porque no interesa. Eso se lo dejamos a los estudiosos del derecho, la sociología o la filosofía. Lo traemos a colación para que el lector que pasa su mirada por estas líneas lo tenga muy presente si es que no lo sabía. No es lo mismo dedicarse al negocio de la gestión inmobiliaria en un país europeo que en uno suramericano o africano.

Y no se trata de que unos países sean mejores o peores que otros, sino que son "diferentes". Las cosas se hacen de formas distintas. De lo que se trata es de saber qué requisitos preexistentes hay en nuestro país para ejercer de gestor inmobiliario. Ya se ha comentado antes que la titulación académica no es un requisito indispensable, o al menos no lo es en la mayoría de los países del mundo, que se sepa. De allí que eso lo podemos dar por zanjado. No ocurre lo mismo con los requisitos previos de la actividad, que variarán dependiendo del lugar del planeta en que nos encontremos.

Este libro es un intento de mostrar cómo se puede ejercer de gestor inmobiliario independientemente del país del mundo en el que se encuentre el lector. De allí que, siendo tan diversa la casuística de unas a otras sociedades, tengamos que establecer unos patrones genéricos que a todos sean de utilidad.

Cada cual tendrá que investigar en su país cuáles son estos requisitos legales previos al inicio de la actividad.

Citemos un ejemplo; España.

¿Cómo tendríamos que hacer estando en España para dedicarnos a esta actividad?

Es muy sencillo.

En principio, tendríamos que dar dos pasos fundamentales:

1.- Darnos de alta en el régimen de autónomos de la seguridad social, y

2.- Darnos de alta en el Ministerio de Hacienda.

Legalmente hablando, eso viene a ser lo básico, lo fundamental. Luego están los permisos que hay que sacar en el ayuntamiento y la inscripción de la actividad en la cámara de comercio más cercana del lugar donde vayamos a poner nuestra oficina.

Hay ciertas ventajas asociadas a esta forma de ejercer como gestor inmobiliario.

En primer lugar está el hecho de trabajar solo, independiente, sin socios. Pocas cosas son más reconfortantes que ser uno su propio jefe, que no tener que estar rindiendo cuentas de cada cosa que se hace, de cada paso que se da.

En segundo lugar está la complicación que trae consigo la creación de una empresa, como veremos en el siguiente capítulo. Son muchos más los requisitos y vericuetos legales que hay que sortear para trabajar en este sector como persona jurídica que como persona natural. Exigencias que van desde la creación del nombre y el aporte de un capital mínimo indispensable, hasta la determinación del tipo de empresa, su consecuente registro a los fines de la forma de tributar, los empleados que va a tener y su forma de cotizar a la seguridad social, etc.

Por otra parte, también está el hecho de que como persona natural podremos cesar en la actividad cuando mejor nos venga en gana sin mayores complicaciones. Con una empresa no es lo mismo, porque se trata de una persona distinta a nosotros mismos de la cual somos administradores, y en consecuencia, los pasos a dar para el cierre serán mayores y muy diferentes.

Pero no todo son ventajas. El ejercicio de este oficio como persona natural trae consigo también sus consecuencias que tenemos que valorar previamente con mucha atención antes de decidirnos por una u otra opción. Quizás, la más importante de ellas sea la cuestión del surgimiento de las obligaciones.

Cuando trabajamos por nuestra cuenta, como en todos los actos de nuestra vida normal, cada paso que damos nos obliga frente a los demás. Quedamos obligados a cumplir personalmente todo aquello a lo que nos hemos comprometido. Cuando trabajamos a través de una empresa interpuesta, quien queda obligada es la empresa y no nosotros personalmente. Es la empresa la que tendrá que responder por las obligaciones contraídas por sus administradores o funcionarios capaces de actuar por ella. Hay que recordar que es una persona diferente, distinta de nosotros mismos, y en consecuencia, capaz de ser titular de derechos y obligaciones. Esa es la esencia del concepto de "persona" desde el punto de vista legal; es todo aquel capaz de ser titular de derechos y obligaciones.

La trascendencia de esto va mucho más allá de saber quién queda obligado o no. Cuando se adquiere una obligación legal, se es responsable ante el acreedor. Y aquí viene precisamente lo más importante. ¿Cómo respondemos?

Hay un principio universal en el derecho que establece que los deudores están obligados a pagar con sus bienes "habidos" y "por haber". Tanto si se es una persona natural como jurídica, la responsabilidad de los actos siempre es patrimonial. No hay prisión por deuda, se suele decir.

Pero hay aquí una diferencia sustancial. Las empresas responden con su patrimonio propio, nosotros con el nuestro. Si la empresa no puede responder, va a la quiebra. Si nosotros no podemos responder, quedaremos endeudados para el resto de nuestra vida. Y si no podemos pagar mientras vivamos, al fallecer nuestras obligaciones pasarán a formar parte de nuestra herencia; subsistirán a nuestra muerte física. Dependerá de nuestros herederos si las aceptan o no, porque cuando se acepta una herencia hay que hacerse cargo de lo bueno y de lo malo, es decir, de los derechos y las obligaciones del causante.

Pero sin ir tan lejos en la especulación de las posibilidades, lo importante es dejar claro aquí el concepto de "responsabilidad". Cuando en el ejercicio de la gestión inmobiliaria surjan obligaciones a cargo del gestor, si este es una persona natural tendrá que responder con su propio patrimonio, presente o futuro, mientras que si se trata de una de las denominadas "personas jurídicas", serán estas últimas las que corran con sus obligaciones. Responderán con sus propios patrimonios, no con el nuestro.

Hay mucho listo que solo por esto que acabamos de explicar crea una empresa; para no exponer su propio patrimonio en el ejercicio de sus actividades comerciales. Y no se trata del hecho simple de ser "listo", sino prevenido, precavido. Si no le van muy bien las cosas a uno, siempre es mejor tener la previsión de que no hubiese sido peor.

Cuando uno se mete en cualquier tipo de actividad o negocio, tan importante es saber entrar como saber salir. Hay un dicho popular que dice que hasta el mejor nadador se ahoga. Se pueden tener las mejores intenciones del mundo, la mejor de las buenas voluntades, y ocurrir que después de todo nos demos cuenta de que, por el motivo que sea, cuya casuística no sería posible citar aquí, no nos va bien en esta actividad. Ser precavido es cosa de sabios.

Pero una cosa es ser precavido, y la otra es querer ser más listo que todo el mundo. Es lo que pasa con los estafadores y tracaleros, que se creen que sabiendo cómo hacer las trampas siempre saldrán airosos. La siguiente explicación va dirigida a ellos.

No quiere decir que por el hecho de anteponer una empresa para que sea ella la que se obligue y no nosotros personalmente, en todo caso quedaremos exentos de responsabilidad. La mala administración de una empresa es causante de responsabilidad patrimonial por parte de sus socios o de la persona o personas encargadas de actuar a su nombre. Aquí no vale decir: "la responsabilidad no es mía sino de la empresa". Si se demuestra la mala fe habrá responsabilidad patrimonial propia, e incluso penal, delictual.

Cometer hechos reñidos con la legalidad vigente interponiendo una empresa de por medio, es un delito agravado por la maquinación fraudulenta empeñada en cometerlo.

De allí que lo que se ha expuesto antes solo vale para aquellos que demuestren que aún habiendo hecho todo lo necesario para que las cosas les salieran bien, por causas ajenas a su voluntad se llegó al extremo de que la empresa no tiene capacidad de cumplir con sus obligaciones.

La quiebra fraudulenta de una empresa es un delito. Esto también es importante tenerlo presente.

# CAPÍTULO 4

## EL GESTOR COMO PERSONA JURÍDICA

La segunda forma de trabajar en el negocio inmobiliario, es mediante una persona jurídica, es decir, una empresa.

El concepto de persona, desde el punto de vista legal, se refiere tanto a los individuos de la especie humana como a otro tipo de formaciones susceptibles de ser titulares de derechos y obligaciones. Ya comentamos en profundidad este extremo en el capítulo anterior.

Existe una variedad de sujetos a los que las leyes consideran "personas jurídicas". Entre ellos están las fundaciones, las asociaciones civiles y/o mercantiles, las comunidades, los Estados, etc. Las que a este texto interesa son las empresas, también denominadas sociedades mercantiles.

Crear una empresa es darle vida a un sujeto nuevo. Es como tener un hijo. Creamos un sujeto que va a tener "vida propia", por decirlo de alguna manera. Es decir, va a tener existencia definida distinta a la de sus socios fundadores. Va a tener la capacidad legal de contraer deudas, de asumir obligaciones. También va a ser titular de una serie de derechos sobre sus propios bienes. No se concibe la existencia de una persona, natural o jurídica, sin patrimonio, entendiendo por este último al conjunto de derechos y obligaciones susceptibles de valoración económica de los cuales se es titular.

Las empresas son "abstracciones" de la mente humana convertidas en personas. Son "entes" a los que el derecho reconoce vida propia e independiente.

Una de las ventajas de ejercer la gestión inmobiliaria con una empresa, es que nuestros posibles clientes se fiarán más de nosotros. Al menos de entrada. No es lo mismo una persona que trabaje por su cuenta y cargo gestionando inmuebles, que una empresa con sede comercial, su oficina para atender a los clientes, su secretaria o secretario, su nombre, símbolo, eslogan publicitario, etc. Son dos cosas muy distintas.

Pensemos en nosotros mismos. ¿De quién nos fiaríamos más?

Como también vimos en el capítulo anterior, está asimismo la cuestión de la responsabilidad. No es lo mismo que sea una persona jurídica la que enfrente con su propio patrimonio las posibles obligaciones que surjan del ejercicio de la gestión, a que uno mismo exponga su patrimonio personal y/o familiar.

Como posible desventaja se encuentra el gasto, tanto de creación como de gestión.

Pues bien, supongamos que nos hemos decidido por crear una empresa. ¿Qué debemos hacer? ¿Cuáles son los pasos a seguir?

Vamos a ir viéndolos uno por uno.

## 1) EL NOMBRE COMERCIAL Y EL ESLOGAN.

Lo primero que tenemos que hacer para crear una empresa es pensar en su nombre. ¿Cómo la vamos a llamar?

En nuestro caso debería ser un nombre atractivo desde el punto de vista comercial, que denote aquello a lo que nos vamos a dedicar. Esto es solo una sugerencia. Cada cual puede poner a su empresa el nombre que mejor le parezca. Lo decimos solo por el efecto publicitario que necesitamos. No es igual decir "Inmobiliaria Justino" que "Justino y Compañía". En el primer caso nos viene a la mente inmediatamente aquello a lo que se dedica la empresa, no así en el segundo.

Junto con el nombre, también se puede elegir una imagen representativa, un símbolo o un eslogan. Aquí ya entra en juego la creatividad de los fundadores.

Veamos algunos ejemplos.

Ejemplo de imagen sería la de un champiñón u otro tipo de seta en forma de casa.

Ejemplo de símbolo es el signo de dólar u otro tipo de moneda.

Por último, ejemplo de eslogan sería "Tu bienestar es nuestro objetivo".

## 2) LA SELECCIÓN DEL TIPO DE EMPRESA

Dependiendo del país en que nos encontremos, nos corresponderá averiguar con un gestor o directamente ante el registro mercantil de nuestra ciudad, qué tipo de empresa podemos crear, y cuáles son sus requisitos básicos de constitución.

Tenemos que crear una organización que tenga ánimo de lucro. Esto es muy importante tenerlo presente. No deberíamos crear una sociedad civil o una fundación, porque en principio se supone que son entes que no persiguen beneficios, sino otro tipo de fines (caritativos, de ayuda, filantrópicos, etc.)

Las dos formas más conocidas de asociaciones con fines de lucro son las Sociedades de Responsabilidad Limitada (S.R.L.) y las Sociedades Anónimas (S.A.), también llamadas en algunos países "Compañías Anónimas" (C.A.).

Se diferencian entre ellas en que en las primeras los socios aportan una "cuota de participación", mientras que en las segundas el aporte se realiza en forma de acciones que se pueden vender o transferir a otra u otras personas. El accionista mayoritario controla la empresa y nombra los cargos directivos. Son las más utilizadas.

## 3) EL DOCUMENTO CONSTITUTIVO

El documento constitutivo es el acta de nacimiento de nuestra empresa. En él tenemos que colocar, en forma de cláusulas, todos los extremos referentes a ella; el nombre de la empresa y el eslogan que vamos a utilizar de ser el caso, la identificación completa de los socios o socias, el capital que aporta (especificando si se aporta en efectivo o en bienes muebles o inmuebles), el domicilio social, los nombres de los administradores y/o directivos, etc., etc., etc.

Este tipo de documentos normalmente ya existen en forma de formularios. Lo único que hay que hacer es rellenar los datos y presentarlo ante el registro mercantil de la localidad donde vaya a tener su sede nuestra empresa. No debemos complicarnos con esto. Hacemos el comentario solo con fines de ilustración.

Con el documento de la empresa ya registrado, tenemos que ir a la Tesorería de la Seguridad Social (en el caso de España) a dar de alta a los trabajadores que van a laborar activamente. No es necesario que todos los socios se den de alta en la seguridad social, a menos que vayan a trabajar efectivamente. En el caso español, los socios tienen que darse de alta en el régimen de autónomos y no el general por no admitirlo la ley. La ley solo admite que se de alta en el régimen general a aquellos empleados o administradores que no sean socios.

También tenemos que acudir con nuestro documento a la sede de la Agencia Tributaria más cercana a nuestra localidad a los fines tributarios correspondientes.

Al final de este capítulo, a modo ilustrativo, se anexan dos modelos de documentos constitutivos de empresas. Uno para Sociedad Anónima (S.A.) y otro para Sociedad de Responsabilidad Limitada (S.R.L.).

## 4) LA SEDE COMERCIAL

Esta es una parte fundamental. Una buena sede es garantía de clientes. No es igual tener la sede de la empresa en una avenida muy transitada, que en un pasadizo de un edificio comercial poco transitado.

En la sede de nuestra empresa no necesitaremos de mucho para arrancar. Si disponemos de un buen capital tanto mejor, pero si nuestro capital es limitado tampoco debemos preocuparnos en demasía. Lo más importante de este tipo de negocio es la actividad humana, no la sede.

¿Qué necesitamos básicamente?

1) Escritorios,

2) Sillas,

3) Línea de teléfono fijo y

4) Conexión a internet

Eso es lo básico. Todo lo demás que podamos añadir está bien en tanto y en cuanto contribuya a lograr nuestros fines, pero no es indispensable.

Ya tenemos nuestra sede, con o sin empresa. Sigamos adelante entonces.

# ANEXOS

# ANEXO I

## MODELO DE DOCUMENTO CONSTITUTIVO DE UNA SOCIEDAD ANÓNIMA

TÍTULO I.- DENOMINACIÓN, DURACIÓN, DOMICILIO Y OBJETO

Artículo 1º.- Denominación.

La sociedad se denomina " ............................. , S.A.", y se regirá por los presentes estatutos, así como por las disposiciones legales que le sean aplicables en cada momento.

Artículo 2º.- Duración.

La sociedad tendrá una duración de carácter indefinido, dándose comienzo al inicio de sus operaciones el día en que se otorgue su escritura de constitución, sin perjuicio de las consecuencias legales previstas para los actos y contratos celebrados en nombre de la sociedad en momentos anteriores al de su inscripción en el Registro Mercantil.

Artículo 3º.- Domicilio social.

El domicilio social se halla situado en …………………………… , calle …………………………… número …………………………… piso ………………………… , por ser éste el lugar en el que radican su efectiva dirección y administración.

El órgano de administración podrá decidir la creación, supresión y traslado de sucursales.

Artículo 4º.- Objeto social.

La Sociedad tendrá como objeto social …………………………

Las actividades enumeradas podrán ser desarrolladas por la Sociedad de modo directo o indirecto, total o parcialmente, mediante la titularidad de acciones o participaciones en sociedades con objeto análogo o idéntico.

## TÍTULO II.- CAPITAL SOCIAL Y SUS ACCIONES

Artículo 5º.- Capital social.

El capital social se cifra en ............................. euros (mínimo 60.000 euros), y se halla totalmente suscrito y desembolsado.

Con carácter general y salvo en el caso de que en el acuerdo de aumento de capital y emisión de nuevas acciones se acuerde otra cosa, se faculta al Consejo de Administración para acordar la forma y las fechas en que deberán efectuarse los oportunos desembolsos, cuando existan dividendos pasivos y éstos deban ser satisfechos en metálico, respetando en todo caso el plazo máximo de 5 años.

Cuando los dividendos pasivos pendientes deban ser desembolsados mediante aportaciones no dinerarias, la Junta General que haya acordado el aumento de capital deberá determinar asimismo, la naturaleza, valor y contenido de las futuras aportaciones, así como la forma y el procedimiento para efectuarlas y mencionando expresamente el plazo, que en ningún caso podrá exceder de 5 años, computados desde la constitución de la sociedad o, en su caso, desde la fecha de la adopción del correspondiente acuerdo de aumento de capital.

Artículo 6º.- Número de acciones y su representación.

El capital social descrito en el Artículo 5º de los presentes estatutos se halla dividido en ............................... acciones nominativas de ............................... euros de valor nominal cada una de ellas, siendo todas ellas de la misma clase, que se hallan representadas mediante títulos nominativos numerados de manera correlativa con los números ............................... a............................... , ambos inclusive, conteniendo todas ellas las menciones exigidas por la Ley.

Todas ellas se hallan suscritas y desembolsadas en su totalidad.

La sociedad podrá/no podrá emitir resguardos provisionales y títulos múltiples (en su caso, en las condiciones y con los requisitos exigidos por la Ley).

Artículo 7º.- Derechos de los accionistas

Todas las acciones confieren a su titular legítimo la condición de socio, al que atribuyen los derechos reconocidos en la Ley y en los presentes estatutos.

Como mínimo, todos los accionistas ostentan los siguientes derechos:

* Derecho a participar en el reparto de las ganancias sociales y en el patrimonio resultante de la liquidación, en los casos en que éstos sean procedentes.

* Derecho de suscripción preferente en la emisión de nuevas acciones o de obligaciones convertibles en acciones.

* Derecho de información.

* Derecho de decidir y votar en las Juntas Generales de la sociedad, así como de impugnar los acuerdos sociales.

Se establece la atribución del derecho de un voto por acción, así como se reserva a la sociedad el derecho a la emisión de acciones sin voto en la cuantía y con los requisitos legalmente establecidos.

Artículo 8º.- Régimen de la transmisión de las acciones.

Las acciones son valores mobiliarios libremente transmisibles conforme a Derecho.

# TÍTULO III.- ÓRGANOS SOCIALES

## Artículo 9º.- Disposiciones generales

Son órganos de la sociedad la Junta General de Accionistas, como órgano supremo y deliberante que manifiesta la voluntad social por mayoría en los asuntos de su competencia, y el Consejo de Administración, al que le corresponden las funciones de gestión, administración y representación de la sociedad, con las facultades que legalmente tiene atribuidas, así como por las que le son reconocidas en los presentes estatutos.

### Sección Primera: Juntas Generales

## Artículo 10º.- Junta General

Los accionistas que legal y válidamente se constituyan en Junta General decidirán por mayoría en los asuntos que sean competencia de la Junta.

Todos los socios, incluidos los disidentes y los que no hayan participado en la reunión, quedan sometidos a los acuerdos adoptados por la Junta General, sin perjuicio de su derecho de impugnación de los mismos, en los supuestos previstos legalmente, y cuando concurran los requisitos precisos al efecto.

## Artículo 11°.- Clases de Juntas Generales

Las Juntas Generales de Accionistas podrán ser ordinarias o extraordinarias, y deberán ser convocadas por los Administradores sociales.

La Junta General ordinaria, que deberá haber sido previamente convocada, deberá celebrarse de manera necesaria dentro de los seis primeros meses de cada ejercicio económico con el objeto de censurar la gestión social, aprobar, en su caso, las cuentas del ejercicio anterior, y resolver sobre la aplicación del resultado obtenido, según el balance que sea aprobado al efecto, sin perjuicio de otros asuntos que puedan ser tratados en la misma, de conformidad con lo previsto en el correspondiente Orden del Día.

Todas las Juntas Generales distintas a la Junta General ordinaria se considerarán Juntas Generales Extraordinarias y deberán celebrarse siempre que los Administradores de la sociedad lo consideren oportuno o conveniente para los intereses de la sociedad y, en todo caso, cuando así sea solicitado por un número de socios titulares de al menos un 5% del capital social, quienes habrán de expresar en su solicitud los asuntos que consideren que deban tratarse en dicha Junta. En este caso, la Junta deberá ser convocada por los Administradores para su celebración dentro de los dos meses siguiente al del requerimiento a los Administradores, debiendo incluirse en su Orden del Día, por lo menos, los asuntos plasmados en la solicitud de los socios.

Artículo 12º.- Lugar y fecha de celebración

Las Juntas Generales se celebrarán en el lugar de la localidad del domicilio social y en la fecha señaladas en la convocatoria, y podrán prolongar sus sesiones durante uno o más días consecutivos.

Las Juntas Universales podrán celebrarse en cualquier lugar y localidad.

Artículo 13º.- Convocatoria

Tanto las Juntas Generales Ordinarias como las Extraordinarias deberán ser convocadas, previo acuerdo del Consejo de Administración, por su Presidente, mediante anuncio publicado en el Boletín Oficial del Registro Mercantil y en uno de los diarios de mayor circulación en la provincia en la que la sociedad tiene su domicilio.

Los anuncios deberán ser publicados con una antelación mínima de un mes.

En el anuncio deben constar todos los asuntos que deban tratarse.

También puede hacerse constar la fecha en la que, en su caso, deba celebrarse la reunión en segunda convocatoria. En todo caso, entre la primera y la segunda convocatoria deberá mediar un intervalo mínimo de 24 horas.

Si la segunda convocatoria no se hubiere previsto en el anuncio de la primera, deberá convocarse en los quince días siguientes a la fecha de la Junta no celebrada, con los mismos requisitos de publicidad, y con ocho días de antelación, como mínimo, a la fecha de su celebración.

En la convocatoria de la Junta General Ordinaria será preceptiva la mención expresa al derecho de todo accionista a obtener de la sociedad de manera inmediata y gratuita los documentos que vayan a ser objeto de aprobación.

En caso de que la Junta General Ordinaria o Extraordinaria vaya a decidir sobre algún aspecto modificativo de los presentes estatutos, deberá expresarse en el anuncio de la convocatoria, con la debida claridad, los extremos que pretenden modificarse y el derecho que asiste a todos los accionistas de examinar en el domicilio social el texto íntegro de la modificación propuesta y el informe que sobre la misma habrá debido elaborarse de manera preceptiva, así como el de pedir la entrega o el envío de dichos documentos.

Pese a todo lo establecido en los párrafos precedentes, se reconoce la posibilidad de celebración de Junta General Ordinaria o Extraordinaria y de tratar en ella cualquier asunto, sin necesidad de que se cumplan las formalidades citadas, cuando estando presente todo el capital social desembolsado, los asistentes acepten por unanimidad su celebración, Junta que por sus especialidades se denominará Junta Universal.

La convocatoria judicial se regirá por las disposiciones legales previstas al efecto.

Artículo 14º.- Quórum en supuestos generales.

En general, la Junta General, sea Ordinaria o Extraordinaria, quedará válidamente constituida en primera convocatoria cuando los accionistas presentes o representados posean por lo menos el 25% del capital social suscrito con derecho a voto. (Puede establecerse un quórum superior)

En segunda convocatoria será válida la celebración de la Junta cualquiera que sea el capital que concurra a la misma.

Artículo 15º.- Especialidades del quórum en determinados supuestos.

No obstante lo previsto en el artículo precedente, para que la Junta General Ordinaria o Extraordinaria puedan adoptar los acuerdos que se refieran a la emisión de obligaciones, el aumento o disminución del capital, la transformación, fusión, escisión o disolución de la sociedad por alguna de las causas previstas en el artículo 363 del Texto Refundido de la Ley de Sociedades de Capital, y en general, para la válida adopción de cualquier acuerdo que suponga una modificación de los presentes estatutos, deberán concurrir a ella, en primera convocatoria, accionistas presentes o representados que posean por lo menos el 50% del capital suscrito con derecho a voto. En segunda convocatoria será suficiente la concurrencia de accionistas presentes o representados que posean por lo menos el 25% del capital suscrito con derecho a voto, pero teniendo en cuenta que si concurren accionistas que representan menos del 50% de dicho capital, los acuerdos citados sólo podrán adoptarse válidamente con el voto favorable de los dos tercios del capital presente o representado en la Junta. (Pueden fijarse quórum o mayorías superiores)

## Artículo 16º.- Asistencia a las Juntas

Todo accionista que tenga inscritas sus acciones en el Libro Registro de Acciones Nominativas con, al menos, 5 días de anterioridad al de la fecha de celebración de la Junta, podrá acudir a la misma personalmente o representado por medio de otra persona, independientemente del carácter o no de accionista de ésta última.

A efectos de la asistencia por medio de representante los accionistas tendrán derecho a solicitar y obtener de la sociedad, en cualquier momento desde la publicación de la convocatoria hasta el inicio de la Junta, la correspondiente tarjeta de asistencia.

La representación deberá conferirse por escrito o por escrito o por medios de comunicación a distancia que cumplan con los requisitos previstos para el ejercicio del derecho de voto a distancia contemplado en el artículo siguiente, y con carácter especial para cada Junta, excepto en los casos en que el representante sea el cónyuge, ascendiente o descendiente del representado, o cuando se haya conferido poder a medio de documento público con facultades para administrar todo el patrimonio que el representado tenga en territorio nacional.

Los Administradores deberán asistir también a las Juntas Generales. Podrán asistir también los Directores, Gerentes, Apoderados, Técnicos y demás personas que a juicio del Presidente de la Junta deban estar presentes en la reunión por tener interés en la buena marcha de los asuntos sociales.

El Presidente de la Junta podrá autorizar, en principio, la asistencia de cualquier otra persona que juzgue conveniente, pudiendo la Junta revocar dicha autorización.

Artículo 16 bis .- Voto a distancia

El voto de las propuestas sobre puntos comprendidos en el orden del día de cualquier clase de junta general podrá delegarse o ejercitarse por el accionista mediante correspondencia postal, electrónica o cualquier otro medio de comunicación a distancia que garantice debidamente la identidad del sujeto que ejerce su derecho de voto. (Pueden señalarse los mecanismos de garantía de la identidad, por ejemplo: exigir acta notarial para el voto remitido por correo y exigir que éste sea certificado, exigir firma digital para los votos emitidos por correo electrónico, etc.).

Los accionistas que emitan sus votos a distancia serán tenidos en cuenta a efectos de constitución de la junta como presentes.

Artículo 17º.- Constitución de la mesa.

El Presidente del Consejo de Administración o, en su ausencia, el Vicepresidente o, en ausencia de ambos, el Consejero o el accionista que resulte elegido al efecto por mayoría de los socios asistentes a la reunión, presidirá la Junta General de Accionistas.

El Secretario: ............................ del Consejo actuará como Secretario de la Junta o, en su defecto, actuará como tal el Letrado Asesor de la sociedad si fuera persona distinta del Secretario, o en defecto de ambos, el Consejero o el accionista que resulte elegido al efecto por la mayoría de los socios asistentes a la reunión.

Antes de entrar en el debate de los asuntos comprendidos en el Orden del Día deberá elaborarse la lista de asistentes, con los requisitos legalmente previstos.

Artículo 18º.- Deliberaciones.

El Presidente dirigirá las deliberaciones mediante la concesión de la palabra, por riguroso orden, a todos los accionistas que la soliciten por escrito, y posteriormente a los que la soliciten oralmente.

Artículo 19º.- Votaciones y adopción de los acuerdos.

Cada uno de los puntos que formen parte del Orden del Día deberá ser objeto de votación separada. Los acuerdos serán adoptados por mayoría de las acciones presentes o representadas, salvo en los supuestos previstos en el Artículo 15º de los presentes estatutos, en cuanto se refiere a los supuestos de segunda convocatoria de la Junta en la que el capital presente o representado es inferior al 25% del capital suscrito con derecho a voto, supuesto éste en que se precisa mayoría de los dos tercios del capital presente o representado en la Junta.

Cada acción da derecho a un voto.

Artículo 20º.- Actas de las Juntas.

Las deliberaciones y acuerdos de las Juntas Generales, tanto ordinarias como extraordinarias, deberán hacerse constar en actas transcritas en el correspondiente Libro de Actas, y serán firmadas por el Presidente y

Secretario titulares, o por quienes hayan actuado como tales en la Junta de que se trate.

El acta podrá ser aprobada por la Junta a continuación de su celebración o, en su defecto y dentro del plazo de 15 días, por el Presidente y dos interventores, nombrados uno de ellos por la mayoría y el otro por la minoría.

Los Administradores por propia iniciativa cuando así lo decidan, y obligatoriamente cuando así lo hayan solicitado fehacientemente por escrito con cinco días de antelación al previsto para la celebración de la Junta en primera convocatoria accionistas que representen al menos el uno por ciento del capital social, requerirán la presencia de Notario para que levante acta de la Junta, siendo los honorarios del Notario elegido a cargo de la sociedad. El acta notarial tendrá consideración de acta de la Junta.

Artículo 21º.- Certificaciones

Corresponde al Secretario y, en su defecto, al Vicesecretario del Consejo de Administración, la facultad de certificar las actas y los acuerdos de la Junta General.

Las certificaciones se emitirán con el Visto Bueno del Presidente del Consejo o, en su defecto, del Vicepresidente.

## Artículo 22º.- Ejecución de los acuerdos

Están facultados para ejecutar los acuerdos sociales y otorgar las correspondientes escrituras públicas quienes lo están para certificar los acuerdos sociales según lo previsto en el artículo anterior, así como los miembros del Consejo de Administración cuyo nombramiento se halle vigente e inscrito en el Registro Mercantil, y los apoderados con facultades al efecto conferidas por el Órgano de Administración.

Sección Segunda.- Consejo de Administración

## Artículo 23º.- Disposición general.

La sociedad será gestionada, administrada y representada en juicio o fuera de él y en todos los actos comprendidos en el objeto social por un Consejo de Administración constituido por un número de ............................ consejeros como mínimo (mínimo de 3) y ............................ como máximo (puede establecerse un número fijo), que actuará colegiadamente, sin perjuicio de las delegaciones y apoderamientos que pueda conferir.

La determinación del número de consejeros, su nombramiento y separación en cualquier momento es competencia de la Junta, aunque no conste en el correspondiente Orden del Día.

El Consejo sólo podrá nombrar administrador a quien sea accionista para cubrir una vacante producida durante el plazo de nombramiento de uno de ellos, nombramiento que será eficaz hasta la siguiente reunión de la Junta General Ordinaria o Extraordinaria que se produzca tras dicho nombramiento.

El Consejo nombrará, de entre sus miembros, un Presidente, un Vicepresidente y ............................. Vocales.

Artículo 24º.- Duración del cargo.

Los consejeros serán nombrados por un plazo igual para todos ellos de ............................. , y podrán ser reelegidos por la Junta una o más veces por períodos de igual duración máxima.

El nombramiento se entenderá prorrogado hasta la primera Junta General que se celebre tras su vencimiento o hasta que haya transcurrido el plazo previsto para la Junta General Ordinaria.

Artículo 25º.- Presidencia del Consejo

El Presidente del Consejo lo es también de la Sociedad y tendrá, además de cuantas facultades competen a los restantes consejeros, las siguientes:

1ª.- Presidir, dirigir, abrir y cerrar las sesiones del Consejo de Administración y las reuniones de las Juntas Generales de Accionistas, así como decidir su convocatoria y actuar de conformidad cuando así proceda, firmando los anuncios y avisos correspondientes.

2ª.- Firmar los título o resguardos de las acciones u obligaciones emitidas por la Sociedad.

3ª.- Vigilar la buena marcha de la Sociedad, procurando y exigiendo el recto cumplimiento de cuantos acuerdos se adopten por el Consejo de Administración y por las Juntas Generales de Accionistas.

4ª.- Guardar los Libros de Actas de las Juntas Generales de la Sociedad y del Consejo de Administración, así como el Libro Registro de Acciones Nominativas, autorizando con su firma las sucesivas transmisiones que vayan produciéndose.

5ª.- Autorizar con su firma las actas de las reuniones de las Juntas Generales de Accionistas y del Consejo de Administración.

En caso de ausencia o enfermedad del Presidente o de vacante en dicho cargo, le sustituirá o hará sus veces el Vicepresidente, y en su ausencia el Vocal ..............................

Artículo 26º.- Convocatoria de las reuniones del Consejo de Administración.

El Consejo se reunirá cuando lo requiera el interés de la sociedad, y con carácter necesario dentro de los tres primeros meses de cada ejercicio, para aprobar las cuentas anuales del ejercicio anterior y el informe de gestión, así como en todos los demás casos en que deba convocar la Junta General de Accionistas.

El Consejo será convocado por su Presidente o por el que haga sus veces.

La convocatoria deberá ser realizada por escrito remitido con ............................. días de antelación, salvo en los supuestos en los que por urgencia deba realizarse la convocatoria con la antelación y forma que las circunstancias precisen.

El Presidente deberá convocar al Consejo cuando lo estime pertinente para los intereses sociales, y en todo caso, a petición de ............................. consejeros.

Se considerará válidamente constituido cuando concurran a la reunión la mitad más uno de sus componentes, presentes o representados. Cualquier consejero puede conferir su representación a otro consejero, por escrito y con carácter expreso para la reunión de que se trate.

Artículo 27º.- Quórum y adopción de los acuerdos del Consejo de Administradores.

Para la adopción de los acuerdos del Consejo será preciso el voto favorable de la mayoría absoluta de los consejeros concurrentes a la sesión, salvo en el caso de delegación

permanente de alguna facultad del Consejo de Administración en la Comisión Ejecutiva o en el Consejero Delegado, y la designación de los administradores que hayan de ocupar dichos cargos, asuntos para los que se precisará el voto favorable de las dos terceras partes de los componentes del Consejo.

La votación por escrito y sin sesión sólo será procedente cuando ninguno de los Consejeros se haya opuesto a dicho sistema.

Las discusiones y acuerdos del Consejo se trasladarán al correspondiente Libro de Actas, debiendo ser firmada cada Acta por el

Presidente y por el Secretario del Consejo o por quienes, en su caso, hayan hecho sus veces en la reunión a la que se refiera el acta.

En los casos de votación por escrito y sin sesión también deberá procederse al traslado al Libro de Actas de los acuerdos adoptados y de los votos emitidos por escrito.

Artículo 28º.- Delegación de facultades y apoderamientos

El Consejo podrá designar de su seno una Comisión ejecutiva o uno o más consejeros delegados, y delegar entre ellos algunas o todas de las facultades delegables legalmente.

Tanto dichas delegaciones permanentes como la designación de los administradores encargados de ellas requerirán para su validez el voto favorable de al menos las dos terceras partes de los miembros del Consejo.

Asimismo podrá el Consejo otorgar poderes de toda clase, e igualmente podrá proceder al nombramiento de un Director General.

Artículo 29º.- Facultades del Consejo

El Consejo de Administración tendrá las más amplias facultades para administrar, gestionar y representar a la sociedad en juicio y fuera de él y en todos los actos comprendidos en el objeto social que se define en el Artículo 4° de los presentes estatutos sociales.

El Consejo de Administración obligará a la Sociedad frente a terceros que hayan contratado de buena fe y sin culpa grave, aun cuando el acto no esté comprendido en dicho objeto social.

Con carácter meramente enunciativo, se reconocen expresamente las siguientes facultades del Consejo

1ª.- Designar de entre sus miembros un Presidente y un Vicepresidente. Asimismo podrán designar un Secretario, en quien no se requiere la condición de miembro del Consejo.

2ª.- Acordar la convocatoria de las Juntas ordinarias y extraordinarias, en el modo y momento en que procedan, según las previsiones legales y las efectuadas en los presentes estatutos, redactando el correspondiente Orden del Día y formulando cuantas propuestas estimen convenientes, según la naturaleza de la Junta convocada.

3ª.- Representar a la sociedad en todos los asuntos y actos administrativos y judiciales, ante la Administración del Estado y corporaciones públicas de cualquier orden, así como en cualquier orden y jurisdicción y en cualquier instancia, ejerciendo toda clase de acciones que les correspondan en defensa de sus derechos, en juicio y fuera de él, dando y otorgando los oportunos poderes a los procuradores y nombrando abogados para que representen y defiendan a la sociedad ante los citados tribunales y organismos.

4ª.- Dirigir y administrar los negocios sociales, atendiendo a la gestión de los mismos de una manera constante, según las normas de gobierno y régimen de administración y funcionamiento de la sociedad, y organizando y reglamentando los servicios técnicos y administrativos de la misma.

5ª.- Celebrar toda clase de contratos sobre cualquier clase de bienes o derechos, mediante los pactos o condiciones que juzguen convenientes, y constituir y cancelar hipotecas y otros gravámenes o derechos reales sobre los bienes de la sociedad, así como renunciar, mediante pago o sin él, a toda clase de privilegios o derechos. Podrá igualmente decidir sobre la participación de la sociedad en otras empresas o sociedades.

6ª.- Llevar la firma y actuar en nombre de la sociedad en toda clase de operaciones bancarias, abriendo y cerrando cuentas corrientes, disponiendo de ellas, interviniendo en letras de cambio, pagarés y otros títulos como librador, aceptante, avalista, endosante, endosatario o tenedor de las mismas, abrir créditos con o sin garantías y cancelarlos, hacer transferencias de fondos, rentas, créditos o valores, usando cualquier procedimiento de giro o movimiento de dinero, aprobar saldos de cuentas finiquitadas, constituir y retirar depósitos o fianzas, compensar cuentas, formalizar cambios, etc. bien sea con el Banco de España y Banca Oficial como con entidades bancarias privadas o cualquier otro organismo de la Administración del Estado o de las Comunidades Autónomas u organismos locales.

7ª.- Nombrar, destinar, despedir, y realizar cuantas actuaciones sean referentes al personal al servicio de la sociedad, así como asignarles cuantos salarios, gratificaciones, indemnizaciones, etc. sean procedentes, y fijar los gastos generales de administración.

8ª.- Nombrar y designar, así como separar agentes, concesionarios, comisionistas y corresponsales que haya de tener la Sociedad.

9ª.- Retirar de las administraciones de Correos y Telégrafos cartas, certificados, giros postales,, valores declarados, telegramas y giros telegráficos, abrir la correspondencia y contestarla.

10ª.- Contratar seguros de todas clases.

11ª.- Intervenir en las suspensiones de pagos, quiebras, concursos, quitas y esperas; nombrar síndicos administradores, aceptar o rechazar las proposiciones de convenio de los deudores, las cuentas de los administradores y la graduación de los créditos; admitir en pago o para pago de deudas, cesiones de bienes de cualquier clase procedentes de cualquier deudor.

12ª.- Solicitar permisos para la nueva implantación, reforma, ampliación o modificación de industrias o negocios.

13ª.- Designar de entre sus miembros una Comisión Ejecutiva o uno o más Consejeros Delegados y delegar en ellos, de conformidad con las previsiones legales, cuantas facultades estime convenientes, indicando en todo caso en el acuerdo de designación el régimen de actuación por el que habrá de regirse tanto en sus relaciones con el Consejo como ante sus miembros la Comisión Ejecutiva que se nombre o los Consejeros Delegados que se designen. Igualmente podrá conferir poderes a cualquier persona .

14ª.-Regular su propio funcionamiento en todos cuantos aspectos no se hallen previstos legalmente o en los presentes estatutos, y quedando salvadas en todo caso cuantas facultades corresponden a la Junta General de Accionistas.

15ª.- Formalizar y suscribir los documentos públicos o privados que sean precisos para la efectividad de sus facultades.

Artículo 30º.- Remuneración.

La retribución de los administradores será de ...............................

## TÍTULO IV.- EJERCICIO SOCIAL Y CUENTAS ANUALES

Artículo 31º.- Ejercicio social

Los ejercicios sociales comenzarán el 1 de enero y finalizarán el 31 de diciembre de cada año natural.

El primer ejercicio social, por excepción, comenzará el día en que la sociedad inicie sus operaciones y terminará el 31 de diciembre de ese mismo año.

Artículo 32º.- Cuentas anuales

En el plazo máximo de tres meses contados a partir del cierre de cada ejercicio económico el Consejo deberá formular las Cuentas Anuales, incluyendo en las mismas el Balance, la Cuenta de Pérdidas y Ganancias y la Memoria explicativa, el informe de gestión y la propuesta de aplicación de los resultados, según los criterios de valoración y con la estructura legal y reglamentariamente exigidos, y en su caso, deberán asimismo redactarse las cuentas y el informe de gestión consolidados, que deberán ir firmados por todos los administradores, expresándose en defecto de firma cuál sea la causa de su falta.

Artículo 33º.- Depósito y publicidad de las Cuentas Anuales.

Cuando las Cuentas Anuales sean aprobadas por la Junta General éstas serán presentadas para su depósito, con la certificación del acuerdo de la Junta, en el Registro Mercantil correspondiente, en el plazo y forma legales y reglamentarios.

Artículo 34º.- Aplicación del resultado

La aplicación del resultado del ejercicio es competencia de la Junta General, con los límites legales y estatutarios.

Los dividendos se distribuirán entre los accionistas ordinarios en proporción al capital que hayan desembolsado.

## TÍTULO V.- DISOLUCIÓN Y LIQUIDACIÓN DE LA SOCIEDAD

Artículo 35º.- Disolución

La sociedad quedará disuelta en los casos y con los requisitos establecidos en la Ley.

Artículo 36º.- Forma de liquidación

La Junta General que acuerde la disolución de la sociedad acordará igualmente el nombramiento de los liquidadores, que podrá recaer en los propios miembros del Consejo de Administración.

El número de liquidadores será siempre impar, y en los casos en que se decida que los consejeros realicen dicha función y el número de Consejeros haya sido par, se decidirá asimismo qué vocal no será designado como liquidador o qué otra persona realizará con los consejeros entonces liquidadores dichas funciones liquidatorias, según se acuerde.

Artículo 37º.- Normas liquidatorias.

En la liquidación de la sociedad se observarán las normas establecidas en la Ley y las que, en complemento a éstas y respetando los límites legales, hayan sido acordadas por la Junta General de Accionistas que haya adoptado el acuerdo de disolución.

TÍTULO VI.- RÉGIMEN SUPLETORIO

Artículo 38º.- Régimen supletorio.

En todo lo no previsto en los artículos anteriores de los presentes estatutos se aplicarán las normas de la Ley de Sociedades Anónimas, del Código de Comercio y del Reglamento del Registro Mercantil.

## ANEXO II

## MODELO DE DOCUMENTO CONSTITUTIVO DE UNA SOCIEDAD DE RESPONSABILIDAD LIMITADA (S.R.L.)

TÍTULO I.- DENOMINACIÓN, DURACIÓN, DOMICILIO Y OBJETO

Artículo 1º.-Denominación

La Sociedad se denominará "............................................................... ................... S.L.", y se regirá por su contrato constitutivo, por los presentes estatutos y en lo en ellos no dispuesto, por la Ley de Sociedades de Capital.

Artículo 2º.-Duración

La Sociedad tendrá una duración de carácter indefinido, dándose comienzo al inicio de sus operaciones el día siguiente al del otorgamiento de su escritura constitutiva, sin perjuicio de las consecuencias legales previstas para los actos y contratos celebrados en nombre de la Sociedad en momentos anteriores al de su inscripción en el Registro Mercantil.

Los ejercicios sociales se computarán por años naturales.

Artículo 3º.-Domicilio

El domicilio de la Sociedad se halla situado en ………………………………… calle ……………………… número ……….. piso …………

Artículo 4º.-Objeto social

El objeto social de la Sociedad será ………………………

TÍTULO II.- CAPITAL SOCIAL Y PARTICIPACIONES

Artículo 5º.-Capital social

El capital social será de ………………………euros, dividido en ……………… participaciones de ……………………… euros de valor nominal cada una de ellas, numeradas de manera correlativa con los números 1 a ………………………

Dicho capital se halla totalmente suscrito y desembolsado mediante aportaciones ......................... (dinerarias/no dinerarias) realizadas por los socios fundadores a título de propiedad.

Artículo 6º.-Prohibiciones sobre las participaciones

Las participaciones no podrán ser incorporadas a títulos valores, ni representadas mediante anotaciones en cuenta, ni denominarse acciones.

Artículo 7º.-Título de propiedad sobre las participaciones

No podrán emitirse resguardos provisionales acreditativos de la propiedad sobre una o varias participaciones sociales, siendo el único título de propiedad la escritura constitutiva de la Sociedad o, en su caso, los documentos públicos en los que se acrediten las subsiguientes adquisiciones de dichas participaciones.

Artículo 8º.-Libro Registro de Socios

La sociedad llevará un Libro Registro de Socios cuya custodia y llevanza corresponde al órgano de administración, en el que se harán constar la titularidad originaria y las sucesivas transmisiones, voluntarias o forzosas, de las participaciones sociales, y la constitución de derechos reales y otros gravámenes que sobre ellas pueda realizarse, indicando en cada anotación la identidad y el domicilio del titular de la participación o del derecho de gravamen constituido sobre ella.

Sólo podrá rectificarse su contenido si los interesados no se oponen a ello en el plazo de un mes desde la notificación fehaciente del propósito de proceder a la misma.

Cualquier socio tendrá derecho a examinar el contenido del Libro, y tendrán derecho a obtener certificación de las participaciones, derechos o gravámenes registrados a su nombre tanto los socios como los titulares de los derechos reales o gravámenes que se hayan hecho constar en él.

Los datos personales de los socios podrán modificarse a su instancia, sin que surta efectos entre tanto frente a la sociedad.

Artículo 9º.-Reglas generales sobre transmisiones de las participaciones y constitución de cargas o gravámenes sobre las mismas

Toda transmisión de las participaciones sociales o constitución de cargas o gravámenes sobre las mismas deberá constar en documento público, y deberán ser comunicadas por escrito a la Sociedad.

Artículo 10º.- Transmisiones

A) Voluntarias por actos ínter vivos.

Será libre toda transmisión voluntaria de participaciones sociales realizada por actos ínter vivos, a título oneroso o gratuito, entre socios, así como las realizadas a favor del cónyuge, ascendientes o descendientes del socio, o en favor de sociedades pertenecientes al mismo grupo de la transmitente, en los términos establecidos en el Artículo 42 del Código de Comercio.

Las demás transmisiones por actos ínter vivos se sujetarán a lo dispuesto en la ley.

B) Mortis causa.

Será libre toda transmisión mortis causa de participaciones sociales, sea por vía de herencia o legado en favor de otro socio, en favor de cónyuge, ascendiente o descendiente del socio.

Fuera de estos casos, en las demás transmisiones mortis causa de participaciones sociales los socios sobrevivientes, y en su defecto la Sociedad, gozarán de un derecho de adquisición preferente de las participaciones sociales del socio fallecido, apreciadas en el valor razonable que tuvieren el día del fallecimiento del socio y cuyo precio se pagará al contado; tal derecho deberá ejercitarse en el plazo máximo de tres meses a contar desde la comunicación a la Sociedad de la adquisición hereditaria.

A falta de acuerdo sobre el valor razonable de las participaciones sociales o sobre la persona o personas que hayan de valorarlas y el procedimiento a seguir para su valoración, las participaciones serán valoradas en los términos previstos en los artículos 100 y siguientes de la Ley de Sociedades de Responsabilidad Limitada.

Transcurrido el indicado plazo, sin que se hubiere ejercitado fehacientemente ese derecho, quedará consolidada la adquisición hereditaria.

C) Normas comunes.

1. La adquisición, por cualquier título, de participaciones sociales, deberá ser comunicada por escrito al órgano de administración de la Sociedad, indicando el nombre o denominación social, nacionalidad y domicilio del adquirente.

2. El régimen de la transmisión de las participaciones sociales será el vigente en la fecha en que el socio hubiere comunicado a la sociedad el propósito de transmitir o, en su caso, en la fecha del fallecimiento del socio o en la de adjudicación judicial o administrativa.

3. Las transmisiones de participaciones sociales que no se ajusten a lo previsto en estos estatutos, no producirán efecto alguno frente a la sociedad.

Artículo 11º.-Copropiedad, usufructo, prenda y embargo de las participaciones sociales.

La copropiedad, usufructo, prenda y embargo de las participaciones sociales se regirá por las disposiciones legales previstas al efecto.

TÍTULO III.-ÓRGANOS SOCIALES

Artículo 12º.- Junta general

A) Convocatoria.

Las juntas generales se convocarán mediante anuncio individual y escrito que será remitido por correo certificado con acuse de recibo dirigido al domicilio que a tal efecto conste en el Libro Registro de Socios.

Los socios que residan en el extranjero deberán designar un domicilio del territorio nacional para notificaciones.

B) Adopción de acuerdos.

Los acuerdos sociales se adoptarán por mayoría de los votos válidamente emitidos, siempre que representen al menos un tercio de los votos correspondientes a las participaciones sociales en que se divide el capital social, no computándose los votos en blanco.

No obstante y por excepción a lo dispuesto en el apartado anterior, se requerirá el voto favorable:

a) De más de la mitad de los votos correspondientes a las participaciones en que se divide el capital social, para los acuerdos referentes al aumento o reducción de capital social, o, cualquier otra modificación de los estatutos sociales para los que no se requiera la mayoría cualificada que se indica en el apartado siguiente.

b) De al menos dos tercios de los votos correspondientes a las participaciones en que se divide el capital social, para los acuerdos referentes a la transformación, fusión o escisión de la sociedad, a la supresión del derecho de preferencia en los aumentos de capital, a la exclusión de socios, a la autorización a los administradores para que puedan dedicarse, por cuenta propia o ajena, al mismo, análogo o complementario género de actividad que constituya el objeto social.

Lo anterior se entiende sin perjuicio de la aplicación preferente de las disposiciones legales imperativas que, para determinados acuerdos, exijan el consentimiento de todos los socios o impongan requisitos específicos.

Artículo 13º. Órgano de administración: modo de organizarse.

1. La administración de la sociedad podrá confiarse a un órgano unipersonal (administrador único), a varios administradores solidarios, a varios administradores mancomunados o a un consejo de administración con un número mínimo de...... administradores y un número máximo de ....... administradores.

2. Corresponde a la junta general, por mayoría cualificada y sin que implique modificación estatutaria, la facultad de optar por cualquiera de los modos de organizar la administración de la Sociedad.

3. Los administradores ejercerán su cargo por tiempo indefinido, salvo que la Junta general, con posterioridad a la constitución, determine su nombramiento por plazo determinado.

4. El cargo de administrador no es retribuido.

Artículo 14º. Poder de representación.

En cuanto a las diferentes formas del órgano de administración, se establece lo siguiente:

1. En caso de que exista un Administrador único, el poder de representación corresponderá al mismo.

2. En caso de que existan varios Administradores solidarios, el poder de representación corresponderá a cada uno de ellos.

3. En caso de que existan varios Administradores conjuntos, el poder de representación corresponderá y se ejercerá mancomunadamente por dos cualesquiera de ellos.

4. Cuando se trate de un Consejo de Administración, éste actuará colegiadamente.

Artículo 15º. Régimen del Consejo de Administración

## 1. Composición

El Consejo de Administración elegirá de su seno un Presidente y un Secretario y, en su caso, uno o varios Vicepresidentes o Vicesecretarios, siempre que tales nombramientos no hubieren sido realizados por la Junta General o los fundadores al tiempo de designar a los Consejeros.

## 2. Convocatoria

La convocatoria del Consejo corresponde a su Presidente, o a quien haga sus veces, quien ejercerá dicha facultad siempre que lo considere conveniente y, en todo caso, cuando lo soliciten al menos dos Consejeros, en cuyo caso deberá convocarlo para ser celebrado dentro de los quince días siguientes a su petición.

La convocatoria se efectuará mediante escrito dirigido personalmente a cada Consejero y remitido al domicilio a tal fin designado por cada uno de ellos o, a falta de determinación especial, al registral, con cinco días de antelación a la fecha de la reunión; en dicho escrito se indicará el día, hora y lugar de reunión. Salvo acuerdo unánime, el lugar de la reunión se fijará en el municipio correspondiente al domicilio de la sociedad.

El Consejo quedará válidamente constituido, sin necesidad de previa convocatoria, siempre que estén presentes la totalidad de sus miembros y todos ellos acepten por unanimidad la celebración del mismo.

3. Representación

Todo Consejero podrá hacerse representar por otro. La representación se conferirá por escrito y con carácter especial para cada reunión, mediante carta dirigida al Presidente.

4. Constitución

El Consejo quedará válidamente constituido cuando concurran a la reunión, presentes o representados, más de la mitad de sus componentes.

5. Forma de deliberar y tomar acuerdos

Todos los Consejeros tendrán derecho a manifestarse sobre cada uno de los asuntos a tratar, sin perjuicio de que corresponde al Presidente el otorgamiento de la palabra y la duración de las intervenciones.

Necesariamente se someterán a votación las propuestas de acuerdos presentadas por, al menos, dos Consejeros.

Cada miembro del Consejo puede emitir un voto. Los acuerdos se adoptarán por mayoría absoluta de los Consejeros concurrentes a la sesión, salvo disposición legal específica.

El voto del Presidente será dirimente.

## 6. Acta

Las discusiones y acuerdos del Consejo se llevarán a un libro de actas que serán firmadas por el Presidente y el Secretario del Consejo. Las actas serán aprobadas por el propio órgano, al final de la reunión o en la siguiente; también podrán ser aprobadas por el Presidente y el Secretario, dentro del plazo de siete días desde la celebración de la reunión del Consejo, siempre que así lo hubieren autorizado por unanimidad los Consejeros concurrentes a la misma.

## 7. Delegación de facultades

El Consejo de Administración podrá designar de su seno una Comisión Ejecutiva o uno o varios Consejeros Delegados, determinando en todo caso, bien la enumeración particularizada de las facultades que se delegan, bien la expresión de que se delegan todas las facultades legal y estatutariamente delegables.

La delegación podrá ser temporal o permanente. La delegación permanente y la designación de su titular requerirán el voto favorable de al menos dos terceras partes de los componentes del Consejo y no producirá efecto alguno hasta su inscripción en el Registro Mercantil.

8. Autorregulación

En lo no previsto, y en cuanto ni se oponga a las disposiciones imperativas, el Consejo podrá regular su propio funcionamiento.

## TÍTULO IV.- EJERCICIO SOCIAL Y CUENTAS ANUALES

Artículo 16º.-Ejercicio social

Los ejercicios sociales comienzan el 1 de enero y finalizan el 31 de diciembre de cada año natural.

Por excepción, el primer ejercicio social comprende desde el principio de las operaciones de la Sociedad hasta el 31 de diciembre de ese mismo año.

Artículo 17º.-Cuentas Anuales

Las cuentas y el informe de gestión, así como, en su caso, su revisión por auditores de cuentas, deberán ajustarse a las normas legales y reglamentarias vigentes en cada momento.

La distribución de dividendos a los socios se realizará en proporción a su participación en el capital.

Los socios tienen derecho a examinar la contabilidad en los términos previstos en la Ley.

## TÍTULO V.- DISOLUCIÓN Y LIQUIDACIÓN DE LA SOCIEDAD

Artículo 18º.-Disolución y liquidación

1. La disolución y liquidación de la sociedad, en lo no previsto por estos Estatutos, quedará sujeta a las especiales disposiciones contenidas en la Ley.

2. Quienes fueren Administradores al tiempo de la disolución quedarán convertidos en liquidadores salvo que, al acordar la disolución, los designe la Junta General.

# CAPÍTULO 5

## EL TRABAJO DEL GESTOR INMOBILIARIO. ATRIBUCIONES Y FUNCIONES

Vamos a entrar ahora al análisis de la función del gestor inmobiliario. Esto es algo que hay que tener siempre presente. La respuesta a las preguntas de: ¿qué es lo que hacemos? ¿en qué consiste nuestro trabajo?
Pues hay que definirlo.

El gestor inmobiliario es, simple y llanamente, un vendedor más. Es una persona que vende algo. Ese "algo" no es otra cosa que su actividad humana, sus servicios.

Cuando se habla de vendedor, muchos lo asocian con un señor de maletín que anda de puerta en puerta llamando para convencer a la gente de que le compre un artículo. En realidad esta forma de vender representa mucho menos del 1% del total de ventas que cada día se realizan en el planeta, incluidas las del sector inmobiliario.

Los vendedores, cualesquiera que ellos sean, lo que venden no son artículos, sino ideas. Nos venden la idea de que necesitamos eso que venden. Tratan de influirnos la creencia de lo útil que nos resultará, de lo mucho que lo vamos a necesitar.

Veamos algunos ejemplos

Comencemos por las estrellas; los religiosos. Los Testigos de Jehová, por ejemplo, venden sus ideas de la vida eterna, el perdón de los pecados, la salvación del alma, etc. Intentan por todos los medios a su alcance, influir en nosotros para que les "compremos" sus creencias. No venden un objeto, un artículo, como pudiera ser una aspiradora, un exprimidor de naranjas, o una póliza de seguros. Pero son tan vendedores como cualquier otro.

Los propietarios de supermercados también son vendedores. Pero no andan de casa en casa visitando a la gente para intentar influir en sus ideas. Utilizan otro tipo de estrategias. Hacen campañas publicitarias, mantienen sus locales ordenados y limpios, tratan de competir con los mejores precios, brindan una buena atención al cliente entrenando a sus trabajadores para que sean amables y procuren estar sonrientes, etc. Pero no por eso son menos vendedores que los Testigos de Jehová o los vendedores de aspiradoras. Lo que pasa es que utilizan otros métodos.

Los dueños de los Bancos también son vendedores. Los Bancos venden sus servicios, y usted no ve a sus dueños o accionistas tocando puertas de casa en casa para que les abramos una cuenta o solicitemos un préstamo o una tarjeta de crédito. Utilizan otras estrategias.

Los seductores y enamoradores también son vendedores. Venden su imagen de personas guapas, o en su defecto, de personas con recursos o de que tienen "algo" que puede interesar al seducido.

De alguna u otra manera, todos somos vendedores. Ya porque trabajemos en alguna de las múltiples formas de vender, o porque simple y llanamente utilicemos alguna técnica o estrategia para obtener lo que queremos. Porque al final lo que en realidad estamos haciendo es vender nuestras ideas. Si nos las compran, obtenemos lo que queremos. Nuestro precio.

El vendedor no es más que un "seductor", aunque pueda sonar un poco fuerte la palabra.

El dueño de una cadena de supermercados intentará seducirnos mediante la publicidad para que compremos en sus tiendas y no en otras.

La mente humana es una máquina filmadora que está siempre activa. Nunca descansa. Ni aún durmiendo el cerebro se detiene. Es como el corazón. No deja de trabajar jamás. Cuando voy por una avenida y veo una valla publicitaria de un supermercado, esa idea me queda grabada en el cerebro quiéralo yo o no. No es algo voluntario. No tengo porqué estar trayéndola a mi memoria a cada momento para recordarla. Es una imagen que quedará archivada en mi memoria aún en contra de mi voluntad. Cuando recuerdo que tengo que hacer la compra, mi cerebro me dirá que entre las opciones está esa que tengo allí archivada. Ya veré yo si voy a ese supermercado o a otro. Pero la grabación de la imagen y su mensaje, implícito o explícito, ya se produjo, y no se podrá borrar nunca más.

Como vemos, la venta no es más que un juego de estrategias psicológicas.

Siendo el gestor inmobiliario un vendedor más, lo que tiene que hacer para alcanzar sus metas es desarrollar sus propias estrategias, su propia metodología. Y hay cientos de ellas. En este texto trataremos algunas de las más utilizadas. Dependerá de cada quien escoger la forma de alcanzar sus objetivos.

No hay recetas mágicas para todos. Cada cual sabe, o tiene que esforzarse por conocer cuáles son sus límites, cuáles son los niveles de sus potencialidades internas. Esto ya es cosa de cada quien.

En este texto daremos algunas sugerencias. Cada cual es libre de tomarlas o dejarlas. Hacemos hincapié en esto por alguna crítica que recibimos a la primera edición. Se nos dijo que algunas de las técnicas que aquí se enseñaban estaban reñidas con la ética y la moral. Y es muy posible que sea cierto. No es este un texto moral, sino de negocios. Y en el mundo de los negocios es bueno saber lo malo y lo bueno. Después cada quien elige.

Aquí no se enseñará cómo violar las leyes, al contrario. Lo que enseñamos es como obtener beneficios respetando las leyes y dejando a todos contentos y satisfechos.

Necesario es reconocer que este texto no está hecho para moralistas ni piadosos. Aquí enseñaremos cómo ganar dinero como gestor inmobiliario. Y no cómo ganar poco dinero, sino mucho, abundante. ¿Está esto reñido con la moral? Es posible. No podemos dejar de observar que la moral es siempre subjetiva; lo que para unos está bien, para otros puede que no. Cada cual ve las cosas a su manera. La moral es una construcción de valores de cada cual. Si algunas de las técnicas utilizadas en el submundo de los negocios inmobiliarios no admiten el prisma de algunos que se piensen dedicar a esto, siempre tendrán opciones de donde escoger. Aquí se enseñarán todas ellas, comenzando por las más agresivas.

Habrá quienes consideren una indecencia y una inmoralidad andar viajando por el mundo en un crucero de lujo, aprovechándose de los beneficios de un trabajo tan digno como cualquier otro, mientras que hay tantísima gente en el mundo pasando necesidad. O quienes piensen que no es ético ganar en un solo día lo que otros trabajando como esclavos durante años.

Todas esas son opiniones respetables. Cada quien es libre de pensar y de elegir hacer en su vida lo que mejor le parezca.

Seguimos.

De lo que hemos expuesto hasta ahora, se puede colegir fácilmente que hay varias estrategias en el mundo de la venta. Va a depender mucho del producto que se venda la estrategia a utilizar. Productos diferentes requieren estrategias distintas.

Hay productos que se venden solos, que no necesitan del esfuerzo y la simpatía del vendedor para colocarlos. Es el caso de los artículos de consumo humano.

Pongamos el ejemplo del pan.

El esfuerzo del panadero para vender se debe centrar en mantener limpio y presentable su local, procurarse una buena ubicación, y hacer un pan de buena calidad y variedad. Si puede ser de mejor calidad y mayor variedad del de su competencia tanto mejor. Siempre será útil poner al frente de las ventas a una persona de buena presencia, amable, cordial y rápido. Pero este es un elemento adicional de sus estrategias de ventas, mas no el principal. Si el pan que vende no es de buena calidad, por muy simpático que sea el vendedor la gente comprará en otra parte. Si el local está sucio y desaseado permanentemente y causa una mala impresión a los clientes, muchos preferirán comprar el pan en otra panadería. Todos los factores suman e influyen a la hora de alcanzar el objetivo final, que no es otro que vender.

Otro ejemplo de lo mismo sería el del dueño de un bazar, de una tienda de artículos múltiples. En este caso, los esfuerzos de los propietarios se centrarán en tener a mano los artículos que los consumidores necesiten, mantener la limpieza y pulcritud del local, hacer publicidad de su negocio, procurarse una buena ubicación, tratar de competir en precios y servicio de postventa, y también, tratar de ser amable y atento con la clientela para que vuelvan. Pero son los clientes los que eligen los productos, no él. Él los pone a la vista, ellos eligen. Aunque la simpatía del vendedor sume, no es su principal herramienta de ventas, sino la suma de varios factores.

En el caso de la gestión inmobiliaria, la principal herramienta de ventas es el gestor en sí mismo, aunque no la única, obviamente. Sumará el hecho de tener una buena oficina, una óptima ubicación, algo o mucho de publicidad, etc. Pero la esencia de este negocio se encuentra en el vendedor mismo; en el gestor inmobiliario.

Por muy bien ubicada que se encuentre nuestra oficina, y por muy pulcra y presentable que esté, si no somos buenos en la atención al cliente, nos será muy difícil alcanzar nuestros objetivos. Por mucha publicidad que hagamos, si no estamos suficientemente capacitados para cerrar las negociaciones, estaremos condenados al fracaso.

Por eso es que tenemos que pulirnos; porque somos nuestra principal herramienta, la esencia de nuestro trabajo.

El gestor inmobiliario debe ser una persona poseedora de unas virtudes y unas cualidades muy particulares. La principal de ellas, la de "enamorador". Sí, como se oye: "enamorador". Tendrá que "enamorar" a sus clientes (en el buen sentido de la palabra). Una vez enamorados, la mayor parte del trabajo estará realizada. El resto vendrá solo.

Cuando mencionamos la palabra "enamorar", nos referimos a la capacidad de influir sobre otras personas.

Es imprescindible que quien se piense dedicar a esta actividad, cultive en profundidad el poder de convencimiento; la capacidad de persuasión. Este es el centro de la cuestión. El eje sobre el que tiene que girar su mundo.

Una persona que es capaz de persuadir, de convencer a los demás, tiene el mundo ganado, el planeta a sus pies. No le hará falta estudiar una carrera universitaria ni esforzarse por conseguir un trabajo específico. Siempre obtendrá aquello que se proponga.

Ejemplos hay a montones. Para muestra un botón.

Decenas de personas se dedican a dar conferencias por el mundo hablando las mil y una estupideces sin pies ni cabeza, y sin embargo viven de eso. ¿Cómo lo hacen? Haciendo creer a sus escuchas que lo que dicen tiene sentido, tiene valor. Son vendedores de humo. Gente que convence a otros de las bondades y beneficios de unos productos absurdos. Desde milagrosos "crece pelos" hasta curas contra el cáncer. De todo hay. Lo más sorprendente de todo es que obtienen ganancias brutales, astronómicas. Son personas capaces de vender lo que quieran, porque su capacidad de influir sobre los demás es tan grande que siempre se salen con la suya.

Por fortuna, no es ese nuestro caso. Nosotros no seremos vendedores de humo, sino de una actividad humana muy concreta, de resultados tangibles.

Como un vendedor más que el gestor inmobiliario es, debe encaminar sus esfuerzos al desarrollo y perfeccionamiento de la capacidad de cautivar, atraer, convencer. Esta es la esencia de su trabajo, y más que eso, debería convertirlo en su forma de vida.

No es imposible. Todos podemos lograrlo. En mayor o menor medida, claro está. En esto nos va el reforzamiento indispensable de nuestra personalidad, el aumento de la confianza en nosotros mismos, y la creencia de que todo lo que nos propongamos lo lograremos. Es una meta difícil de alcanzar solo para quien así lo crea, porque en realidad es de lo más sencilla.

Tanto si usted piensa que algo es posible como si no, en ambos casos está en lo cierto. Este último pensamiento es de Henry Ford, el fundador de la empresa automovilística "Ford Motor Company", y uno de los hombres más ricos de su tiempo.

Una de las personas más famosas del mundo en cuestiones amatorias fue el actor italiano Rodolfo Valentino, célebre por su increíble capacidad de enamorar, de atraer. Se dice que decenas de personas por el mundo se suicidaron cuando conocieron su muerte temprana; a los 31 años. Algunos se lanzaron envueltos en sus fotografías desde altos edificios. En una entrevista que le hicieron en una ocasión, un periodista le preguntó en qué radicaba su secreto, y él contestó sin inmutarse que no en la belleza física, desde luego. Su secreto estaba en la capacidad de enaltecer el ego de aquel con quien hablaba. ¿Y cómo lo logra? Volvieron a preguntarle. Su respuesta fue también de lo más sencilla: "Hablándoles siempre de sí mismos"

Cuando se habla a alguien de sí mismo, enalteciendo sus virtudes, como por arte de magia cae rendido a nuestros pies. No siempre obviamente. Está claro que esta es una exageración. No hay mejor canto de sirena que la adulación cuando es sincera. Cuando es fingida se nota inmediatamente. No parecería un cumplido sincero el de un vendedor que llega a una casa donde le atiende una anciana cuasi centenaria y le pregunta: "Buenos días señorita. ¿Se encuentra su madre? Esto parece más bien una burla.

Nos gusta que nos mimen, que nos quieran, que nos traten bien. Y no es una cuestión de simple gusto. Es una necesidad innata, intrínseca del ser humano. Lo que define nuestras personalidades son los mayores o menores niveles afectivos que hayamos recibido en nuestra infancia. Jamás dejamos de necesitar afecto. Es por eso que nos sentimos tan bien cuando vamos a un restaurant y somos bien atendidos. Independientemente de lo mejor o peor que estén los platos, nos llevaremos antes el recuerdo de cómo nos trataron, que el sabor de la comida. Si el trato fue amable y cordial, querremos volver. Si fue déspota y antipático no. Que lo consumido no haya estado de nuestro agrado se puede resolver. Siempre podremos pedir otro plato en una nueva ocasión. Que nos hayan tratado mal, siempre quedará grabado en nuestros cerebros en forma de rechazo, y cuando pensemos en opciones para ir a cenar, muy probablemente la primera que descartaremos será la de aquel restaurant.

Es de este tipo de necesidad de lo que se aprovechan los vendedores de todo tipo; los de humo y los demás.

# CAPÍTULO 6

## LA CARTERA DE CLIENTES

Vamos a estudiar ahora la forma de hacernos con los clientes. Este es uno de los aspectos de mayor importancia de nuestro trabajo. Es esto lo que nos permitirá vivir de esta actividad.

Es necesario tener siempre presente qué es lo que vendemos. Nuestra oferta es muy clara y muy sencilla. Ofrecemos un servicio muy bien definido; la intermediación. Nada más que eso.

Hay quien tiene las posibilidades económicas de comprar y vender inmuebles, o de comprarlos y alquilarlos haciendo de esto su forma de vida. No es para ellos que se ha pensado este texto.

Esta obra está concebida para los que quieren dedicarse a este tipo de actividad como intermediarios, como gestores. Ya lo decimos en nuestra definición del primer capítulo: "El gestor inmobiliario es una persona, natural o jurídica, que en nombre propio o ajeno, realiza una función de INTERMEDIACIÓN entre quienes desean efectuar un negocio jurídico con un bien inmueble."

Es a quienes desean formarse como intermediarios en el submundo de los negocios inmobiliarios que está destinada esta obra.

Seguimos.

No parece que esté bien incluir en nuestro catálogo de funciones una especie de "de todo un poco". Ya se sabe lo que reza el dicho; "quien mucho abarca poco aprieta". No estaría bien, por poner un ejemplo, que en nuestra actividad incluyamos elementos no relacionados directamente con ella. No parecería lo más correcto que en el local donde trabajemos, ofrezcamos también los servicios de guardería, panadería o pastelería, entre otros. Decimos esto porque, por muy descabellado que parezca, hay quien lo hace.

Lo que sí estaría bien sería dedicarnos íntegramente al mundo de la venta, al de los arrendamientos, las administraciones de condominios, al de las promociones de obras nuevas, o a todos ellos en su conjunto. En este submundo hay varios apartados. A cualquiera de ellos nos podemos dedicar en exclusiva, o a todos en su conjunto.

Hay algunos que se especializan en arrendamientos, mientras que otros hacen lo propio con las ventas. Eso lo iremos perfilando con el ejercicio. Recordemos que este texto está diseñado para aquellos que nunca han trabajado en el submundo de los negocios inmobiliarios y buscan los conocimientos básicos indispensables para iniciarse en esta actividad.

## TIPOLOGÍA DE CLIENTES

Desde el punto de vista de la personalidad, existen tantos tipos de clientes como maneras de ser tenemos los de la humana especie. Desde los más difíciles hasta los menos complicados. La forma de tratar a cada cual la estudiaremos con mayor detenimiento más adelante. Por ahora solo hablaremos del tipo de clientes desde el punto de vista de la operación que pretenden realizar.

En este sentido, tenemos que hay cuatro tipos de clientes:

1.- Vendedores

2.- Arrendadores

3.- Compradores

4.- Arrendatarios.

## 1.- VENDEDORES:

Solo puede ser vendedor aquel que es capaz de transmitir el derecho de propiedad sobre un bien. Solo los titulares del derecho pueden hacerlo, bien por sí mismos o bien a través de apoderado.

Especial relevancia cobra este aspecto cuando se trata de una propiedad común. Es el caso de las propiedades hereditarias, las comunitarias o las societarias.

En todos estos casos es imprescindible que todos los copropietarios estén dispuestos a vender. No vale con que solo uno quiera hacerlo. Los derechos sobre un bien inmueble no se pueden vender por separado. No se puede vender una parte del inmueble porque cuando forman parte de una sociedad o de una comunidad, se consideran como una parte genérica del todo y no específica. No podría un copropietario de una vivienda vender por su cargo y cuenta una de las habitaciones, o el patio, el garaje, etc. Porque su derecho, al igual que los del resto de copropietarios, se encuentra diluido en un todo que no es una suma de partes concretas, sino una universalidad. De allí que si no hay acuerdo en vender, tendrán que acudir a los tribunales para pedir la partición de la comunidad o de la sociedad que se trate. Una vez resuelto ese asunto, se podrá proceder con la venta. No antes.

En capítulos anteriores hicimos un comentario que vamos a rescatar ahora. Dijimos que propietario es aquel que así aparece como tal en el registro de la propiedad inmobiliaria. De allí que en cierta forma, este tipo de transacciones dan un poco de tranquilidad, seguridad y confianza a los contratantes porque se efectúan directamente en la oficina del registro de la propiedad, o ante un notario que certifica la identificación de las partes contratantes y posteriormente se hace el registro. Esto viene a cuento respecto de la categoría que veremos seguidamente.

## 2.- ARRENDADORES:

Para ser arrendador de un bien inmueble es necesario tener la capacidad legal para ello. Y no hablamos aquí de capacidad en el sentido de ser mayor de edad, o de no estar inhabilitado legalmente para disponer de los bienes propios. Esta es una cuestión que se presume como preexistente. A lo que nos referimos es a la capacidad de disposición sobre el bien. ¿A quién le está atribuida?

A estas alturas ya deberíamos ser capaces de dar respuesta a esta pregunta.

Como sabemos, en principio, esta capacidad le está atribuida expresamente al propietario del inmueble, por tratarse de que en su derecho se encuentra implícita la facultad de disponer de su bien a su real saber y entender, sin más limitaciones que las establecidas por las leyes. Esto ya lo vimos en capítulos anteriores.

En este caso ocurre algo similar que con los vendedores. Cuando es solo uno el titular del derecho de propiedad sobre el bien, no hay ningún problema. Basta con su simple deseo de arrendar el inmueble para hacerlo. Sin embargo, cuando son varios los propietarios, tienen que ponerse de acuerdo entre todos. No vale que solo algunos quieran realizar el arrendamiento, porque si existe oposición, la transacción no podrá realizarse.

Pero aquí no ocurre como con la venta. Los contratos de arrendamientos no se registran. Cuando mucho se certifican ante notario, pero no siempre es necesario. La certificación ante notario se hace para darle fuerza a un documento de público. Pasarlo de ser un documento privado, que solo tiene efecto entre las partes contratantes, a ser público y, en consecuencia, tener efectos contra terceros.

Los notarios son funcionarios públicos cuya función principal es dar fe pública de que quienes se presentan ante él son quienes dicen ser, y de que dicen lo que se encuentra escrito en un documento, sin entrar a valorar su veracidad. Sus competencias no llegan más allá.

Esto es relativo, porque hay países en donde los notarios tienen funciones más allá de las que aquí se han nombrado. Pero no es el caso de mencionarlas todas en este texto, porque es algo que no tiene trascendencia a los fines que aquí estudiamos, aparte de que no sería posible citar aquí la casuística mundial. Decimos lo que en la mayoría de los países del mundo ocurre, dejando a salvo siempre posibles excepciones.

¿Qué ocurriría entonces si una persona que no es propietaria de un bien inmueble lo arrienda? ¿Puede hacerlo?

En principio, solo puede disponer de su bien, a su real saber y entender, el propietario del mismo. Es a él a quien está atribuido el derecho de usufructo, que no es más que el derecho de aprovechamiento de los posibles frutos que pueda generar el bien.

Pero este derecho de usufructo puede traspasarse a una tercera persona, y aún a una cuarta, quinta, sexta, o infinito número de ellas. Siempre y cuando se deje constancia expresa de ello al momento de realizar la cesión o el traspaso del derecho.

No solo por un contrato de arrendamiento se puede ceder el derecho de usufructo de un bien inmueble a otra persona. La cesión también se puede realizar en un contrato de comodato (préstamo de uso) o de venta a plazos. Basta con que en el cuerpo del documento conste expresamente la cesión para que tenga efectos inmediatos.

Ojo con esto. No es lo mismo traspasar el derecho de uso, que el derecho de usufructo. Son dos cosas muy distintas. Se traspasa solo el derecho de uso en un contrato de arrendamiento cuando se prohíbe expresamente subarrendar. Solamente se permite al arrendatario utilizar el bien para el fin específico que consta en el contrato, ya sea para vivienda familiar, uso comercial, o cualquier otro. Se traspasa el derecho de usufructo en un contrato de arrendamiento cuando en el contrato se hace mención específica de ello, es decir, cuando en una cláusula concreta se dice que el arrendatario a su vez queda facultado para subarrendar. Es allí cuando se traspasa el derecho de usufructo.

Esto es algo que tiene que constar expresamente en el cuerpo del contrato. No vale que se sugiera tímidamente. Tiene que explicarse de forma clara y precisa.

Para que el contrato de arrendamiento tenga plena vigencia y validez legal, lo importante es que aquel que funge de arrendador pueda demostrar su capacidad de serlo. Y ya vemos que esta le puede venir dada por varias vías, y no solo por la de ser el titular del derecho de propiedad. Un arrendatario puede subarrendar, convirtiéndose a su vez en arrendatario de su arrendador y arrendador de su subarrendatario.

Un elemento a tener muy presente en estos casos es el siguiente.

Al no ser el contrato de arrendamiento un documento susceptible de ser registrado en la oficina de registro de los bienes inmuebles, las partes contratantes no gozan de la misma seguridad y confianza que en el caso anterior, y se pueden presentar, y de hecho se presentan cada día, decenas de posibles situaciones reñidas con la legalidad vigente.

Podemos encontrarnos con situaciones en las que el arrendador, siendo a su vez arrendatario, no tenga conferida la facultad de subarrendar, y aún así lo intente. En el submundo de los negocios inmobiliarios, este es el tipo de estafas que más abundan.

También se dan muchos casos de comunitarios o societarios, que ante la imposibilidad material de vender el inmueble para cobrar su cuota parte, deciden alquilarlo por su cuenta y riesgo sin la autorización expresa del resto de copropietarios. Esto representa un grave problema para los intermediarios, es decir, para los gestores. De allí que hagamos énfasis en esta cuestión para que el lector esté claro, a la hora de intermediar en un posible contrato, de donde se está metiendo.

Por no tener la seguridad y la confianza del registro de los bienes inmuebles, los gestores tienen que procurar a la hora de intervenir en este tipo de negociaciones, ser tremendamente exhaustivos. Es necesario estar convencido de que la negociación puede llevarse a cabo sin riesgos para el arrendatario, que en todo caso va a ser el más perjudicado.

Arrendar un bien sin tener el derecho a hacerlo es una estafa. De allí que llamemos la atención particularmente sobre este aspecto.

## 3.- COMPRADORES

Es comprador aquella persona dispuesta a adquirir el bien. Poco más podemos añadir. Solo decir que como en todos los casos anteriores, debe tratarse de una persona con capacidad legal para contratar, en el sentido de que no debe ser menor de edad ni estar inhabilitado legalmente para contratar. Y no es que los menores de edad no puedan adquirir un bien inmueble a su nombre, sino que deben hacerlo a través de sus representantes legales, a menos que se encuentren emancipados.

## 4.- ARRENDATARIOS

Son aquellos que arriendan un inmueble para su uso y disfrute. Valgan los comentarios de los supuestos anteriores para estos también.

# CAPÍTULO 7

## MÉTODOS DE CAPTACIÓN DE CLIENTES

Llegamos al momento de dar respuesta a las siguientes preguntas:
¿De dónde sacamos los clientes?

¿Dónde encontramos quien venda, compre o arriende?

¿Cómo creamos una cartera de clientes?

Como todo lo que se aspira alcanzar en esta vida, hay que buscar un método, un procedimiento para obtenerlo.

Hay quienes no necesitan salir a buscar clientes porque estos les llegan solos. Les basta con la ubicación de su actividad, es decir, con tener una sede bien ubicada en la que el fluir de clientes se produce de manera espontanea. Este es el sueño de cualquier comerciante; que los clientes les vengan solos sin hacer mayores esfuerzos.

Sin embargo, ocurre que no suele ser esa la regla sino la excepción. Los gestores tienen que ingeniárselas para encontrar a sus clientes, y en consecuencia, las fuentes de sus ingresos.

Existen decenas de métodos de captación de clientes. Citaremos aquí solo algunas de las más importantes:

1.- PRENSA. EL MUNDO DE LA PUBLICIDAD EN LOS PERIÓDICOS

2.- PANFLETOS Y VOLANTES

3.- EL MUNDO DE LAS RELACIONES INTERPERSONALES

4.- INTERNET: UNA VENTANA ABIERTA AL MUNDO DE LOS NEGOCIOS INMOBILIARIOS

5.- LAS TÉCNICAS DE VENTA "PURA Y DURA". EL VENDEDOR DE "PUERTA FRÍA"

## PRENSA. EL MUNDO DE LA PUBLICIDAD EN LOS PERIÓDICOS

Es un método que consiste en verificar diariamente a través de los distintos diarios de la localidad donde habitamos, o donde nos pensamos dedicar al negocio inmobiliario, los avisos de prensa en los que los propietarios ofrecen sus respectivos inmuebles.

Estos avisos se encuentran mayoritariamente en la sección de anuncios clasificados.

Este es un método muy utilizado en las grandes ciudades, donde el negocio inmobiliario es fuerte.

Una vez que observamos alguno de estos avisos de "anunciantes solitarios", los llamamos para contactarlos y ofrecerles nuestros servicios. Es tan sencillo como preguntarle si estaría interesado en que una empresa o persona especializada en la materia, se encargue de todo lo que requiere para vender o arrendar su inmueble. Desde buscar el cliente que demanda, hasta la gestión de toda la documentación que precise.

Algunos inescrupulosos suelen utilizar aquí la técnica de la "mentira piadosa". Consiste en decirle al vendedor o arrendador, que están interesados en su inmueble porque tienen "clientes en cartera" dispuestos a comprárselo o alquilárselo, pero que para poder llevarlos a ver el inmueble, es necesario que antes les firmen un contrato por el que se comprometan a dejarles su inmueble en exclusividad para que sean solo ellos quienes se lo vendan o alquilen, y no otros.

Es una forma de enganchar clientes muy utilizada en las grandes ciudades, o donde la competencia es feroz.

Si el vendedor y/o arrendador muerde el anzuelo, el gestor se garantiza, al menos, una entrevista con él. En dicha cita no llevará al supuesto cliente que presuntamente tiene en espera, sino el contrato de exclusividad para que se lo firme. Una vez lograda la firma, tendrá ese inmueble en cartera, y ya podrá publicarlo o promocionarlo por su propia cuenta.

Esta es una forma de engaño, pero un engaño que no tiene como trasfondo causar un daño, sino obtener un posible beneficio.

## PANFLETOS Y VOLANTES

Consiste en la elaboración de anuncios en los que hacemos la oferta de los servicios que ofrecemos como gestores inmobiliarios.

¿Qué deben contener?

La forma de redactar el contenido de cada publicidad es cosa de cada quien. En este aspecto tiene perfecta cabida el dicho que reza: "Cada maestrillo con su librillo"

Sugerimos la siguiente:

¿Quieres vender o alquilar tu inmueble?

Profesionales del sector nos ponemos a tu disposición para ofrecerte los mejores servicios del mercado inmobiliario.

Llámanos o visítanos y lo comprobarás.

(Anexamos nuestra dirección, correo electrónico, sitio web y números telefónicos)

Cuando encontramos un inmueble que se oferta por un propietario solitario, y no tenemos la oportunidad de contactarlo, o por cualquier otra

143

razón no nos sentimos capaces de hacerlo, simplemente dejamos uno de estos panfletos por debajo de su puerta, o intentamos hacérselo llegar por cualquier otro medio (vecinos, amigos, familiares, etc.)

Es una práctica habitual de algunos gestores inmobiliarios captar a los conserjes de edificios y conjuntos residenciales. Para ello les ofrecen una comisión a cambio de que sirvan de informantes sobre inmuebles que sepan estén vendiendo o alquilando, o que ayuden en la distribución de panfletos en sus edificios y/o conjuntos residenciales.

Se suele decir que nadie mejor que los conserjes para saber la vida de los miembros de una comunidad de vecinos.

También podemos introducir los panfletos en los periódicos, preferiblemente en los días de mayor circulación (domingos y festivos), o colocarlos en las paradas de autobuses, carteleras públicas de supermercados, estaciones de servicio, u otros sitios de afluencia pública masiva.

Hay empresas y particulares que se dedican al "volanteo", esto es, a repartir panfletos y/o publicidad, bien sea entregándolos directamente a los viandantes, o colocándolos en parabrisas de coches para que los conductores se vean obligados a retirarlos. Muchos creen que este método no funciona, pero la experiencia dice lo contrario.

En materia de publicidad hay una máxima fundamental: "Lo que no se exhibe, no se vende".

## EL MUNDO DE LAS RELACIONES INTERPERSONALES

Por muy solitario y de pocos amigos que sea una persona, siempre, dentro de su círculo social, encontrará algún propietario deseoso de realizar alguna operación con su inmueble. También encontraremos a quienes tienen inmuebles sobre los cuales existe la posibilidad de arrendarlos, venderlos o canjearlos por otros, pero no se atreven a hacerlo por temor, dejadez o simple desconocimiento.

Es allí donde tenemos que actuar nosotros. Es ese un manantial de clientes permanente y muy estable.

Tenemos que "darnos a conocer", o por lo menos, dar a conocer a nuestro entorno que ahora nos estamos dedicando, o que pensamos dedicarnos, a ejercer los menesteres de la gestión inmobiliaria.

Jamás debe faltar en nuestras carteras, bolsillos de nuestras camisas, o en el sitio que nos sea accesible con mayor rapidez, una TARJETA DE PRESENTACIÓN.

En una tarjeta de presentación no debe ir mas que el contenido que sea necesario. Mientras más sencilla mejor. Solo debemos colocar nuestro nombre, debajo del cual la expresión: "GESTOR INMOBILIARIO", o cualquier otra semejante que nos identifique de manera inequívoca con la labor a la que nos estamos dedicando (por ejemplo; corredor de bienes raíces; corredor inmobiliario; compra-venta y alquiler de bienes inmuebles, etc.).

Asimismo, debemos incluir nuestros números de teléfono (señalando al lado si atendemos por whatsapp), nuestro correo electrónico, y si tenemos un blog o una página web de nuestra actividad, también.

No es recomendable recargar la tarjeta de presentación con demasiada información, como por ejemplo, colocando direcciones de redes sociales como facebook, twitter, u otras semejantes.

En una tarjeta de presentación de nuestra actividad inmobiliaria, solo debemos dejar plasmada la información indispensable para ser contactados, y cuando mucho, la de la página web o blog en el que hagamos la promoción de nuestros productos, de nuestro trabajo. Nada más.

Pensemos que de lo que se trata es de "captar clientes", no de relacionarnos socialmente. Aquí las relaciones sociales son bienvenidas únicamente, en tanto y en cuanto sean de utilidad a nuestros fines. Todo lo demás es dispersión, y eso no nos interesa.

## INTERNET: UNA VENTANA ABIERTA AL MUNDO DE LOS NEGOCIOS INMOBILIARIOS

Existen multitud de portales, de mayor o menor fama y relevancia, dedicados al mundo del negocio inmobiliario. Desde aquellos que se dedican exclusivamente a ello, hasta lo que lo incluyen entre sus opciones.

Valga recordar que el uso y acceso a internet no es igual en todas partes del mundo. Este aspecto es importante tenerlo en cuenta. Hay muchos países y/o poblaciones en los que el uso de internet no es una herramienta útil para esta actividad. Vale mucho más el boca a boca y las relaciones interpersonales.

En España, por citar solo dos casos, tenemos al portal idealista.com y fotocasa.es como ejemplos de portales de éxito en el mundo de la publicidad inmobiliaria online.

En ambos, el acceso es gratuito previo registro. Allí cualquiera puede publicar lo que vende o alquila, pudiendo colocar fotografías, videos, planos, direcciones, condiciones, precios, y toda una gama de especificidades adicionales que contribuyan a una mejor descripción del producto ofrecido.

De otra parte, también tenemos multitud de webs dedicadas al mundo de la publicación de anuncios clasificados online, la mayoría de ellos gratuitos. Solo por poner dos ejemplos, citaremos en España los portales milanuncios.com y segundamano.es Allí también se pueden realizar las publicaciones de los inmuebles a vender o alquilar, aunque quizás sin la posibilidad de hacer tantas especificaciones como en los portales de dedicación exclusiva al negocio inmobiliario. Parece lógico, desde luego.

El mundo de los negocios por internet se ha multiplicado tanto, que ahora mismo solo basta colocar en un buscador (google, msn, bing, etc.) la expresión: "Publicar Anuncios" para encontrar decenas y decenas de webs dedicadas al negocio de la publicidad gratuita online.

Allí hay una fuente, un manantial de posibles clientes. Todo es cosa de intentar el contacto oportuno a través del correo electrónico o de los teléfonos que los vendedores exponen para ser contactados.

Muchos dirán que si alguien ya ha publicado el aviso del piso que vende o alquila por su cuenta, es porque no está interesado en que un intermediario trabaje por él. Esto no siempre es cierto, y constituye una forma de ponerse una "excusa previa" para no buscar nuestro tan ansiado "santo grial"; la cartera de clientes.

¿Qué sabe uno de las circunstancias personales de quien publica por su cuenta para especular sobre él? ¡Nada!. Y por eso es que nada nos cuesta intentarlo. Eso es lo que hacen a diario en la mayor parte de los países del planeta quienes se dedican al negocio inmobiliario; buscar clientes.

Quizás, ocurra que en ese contacto que desdeñamos a priori, haya estado la posibilidad de encontrar el mejor de nuestros clientes, el negocio de nuestras vidas.

¿Por qué no pensar mejor que esa persona a la que llamaremos está esperando ansioso por alguien que lo ayude a vender o alquilar su inmueble; "o que" acaba de pasar por una situación traumática en su vida que le impide dedicarle tiempo y esfuerzo a la venta o al alquiler de su inmueble; "o que" se acaba de ganar la lotería y ya no le interesa trabajar más y nuestra llamada le llega en el mejor de los momentos; "o que" va a tener que salir de viaje al exterior durante un tiempo en el cual le vendrá de perla una ayuda para colocar su inmueble; "o que" acaba de quedar discapacitado como consecuencia de haber contraído una enfermedad temporal; o que..., o que..., o que...? ¡Nunca se sabe!

Hay muchísimos "o que´s" positivos a los que podemos recurrir, en lugar de meternos en la cabeza, lo negativo, lo pesimista. En todo caso, el "NO" ya lo teníamos antes de intentar el contacto. Nuestra búsqueda es por el "SI".

Siempre podemos colocar también nuestro anuncio en solitario en los portales inmobiliarios y/o de anuncios clasificados, solicitando inmuebles en venta y/o alquiler.

En este sentido, podemos tomar en cuenta lo que dijimos antes sobre el contenido que deben llevar los panfletos a la hora de colocar nuestro anuncio.

Así, un buen anuncio de búsqueda de inmuebles podría decir:

EMPRESA DE PRESTIGIO DEDICADA AL MERCADO INMOBILIARIO, SOLICITA INMUEBLES EN VENTA Y EN ALQUILER EN LA ZONA DE (...)

CLIENTES EN ESPERA.

Y colocamos nuestra dirección, nuestro blog o web promocional, el número de teléfono y el correo electrónico.

## LAS TÉCNICAS DE VENTA "PURA Y DURA". EL VENDEDOR DE "PUERTA FRÍA"

El título de este apartado ya nos da una idea de lo que implica esta técnica; la venta en solitario, el encuentro cara a cara con un desconocido al que intentar convencer, el arte de la seducción en su más alta expresión.

Alguien que haya pertenecido, o pertenezca, a la rama religiosa de los denominados "Testigos de Jehová" sería un excelente vendedor de puerta fría. Nunca he conocido a nadie tan insistente.

En este caso se trata de contactar directamente con la persona que vende o alquila su inmueble. Cuando vemos que en un inmueble hay un cartel en el que se anuncia su venta o alquiler, llamamos directamente a la puerta donde se encuentra, y nos enfrentamos con el posible cliente sin titubeos.

Con firmeza y decisión, pero con mucho tacto, con mucha observación, trataremos de descubrir en él puntos flacos por los que meternos, estudiaremos posibles espacios en los que iniciar la seducción, el ataque.

Por ejemplo, deberíamos procurar fijarnos en los objetos de la casa para ver si logramos detectar qué equipo de futbol es su preferido, cuáles son sus aficiones, si está casado, si tiene hijos, si es religioso, etc.

Lo que precisamos es de "algo" por dónde comenzar. Un "detalle" con el que romper el hielo. Un camino para entrar en confianza.

Esta es la técnica utilizada por los que echan las cartas y leen el futuro por la televisión a altas horas de la madrugada. No son más que seductores natos. Todo lo que van diciendo se lo sacan del mismo interlocutor, bien sea de una entrevista previa antes de pasarle la llamada al presentador, o bien el mismo presentador a medida que va hablando. Mientras lo hace, va haciendo preguntas sutiles, casi imperceptibles, al que llama, con cuyas respuestas luego irá ensamblando lo que aquel quiere escuchar. Después, en base a la información obtenida, y a una serie de generalidades que sirven a todos por igual, le dirá cual será su futuro.

Y el muy tonto se lo creerá y encaminará su vida hacia lo que le dijo el presunto adivino. Con los años, y al ir cumpliéndose lo que el adivino le profetizó, se lo atribuirá a las adivinaciones de aquella noche, y no a haber encaminado sus esfuerzos sin darse cuenta, a la consecución de esos fines.

No se da cuenta de que lo único que hizo fue programarse. Tan sencillo como eso.

Aquel que es capaz de convencer a otro, tiene el mundo ganado; el planeta tierra a sus pies (no sé si ya lo dije antes, pero bueno, lo repito las veces que haga falta). Es una persona a la que nunca le faltará de nada, porque todo lo que quiera será capaz de obtenerlo por su propia cuenta, mediante sus estrategias de seducción, de persuasión, de convencimiento.

Un profesor de ventas que tuve en mis años de formación, en una ocasión me dijo una frase que me dejó marcado de por vida:

"Para un buen vendedor no existe el ¡NO! Un vendedor profesional hace del "NO" su "SI", y es cuando comienza a vender. Es ese, precisamente, el aviso indicador de que su carrera hacia la meta acaba de empezar; la señal que esperaba para comenzar el despliegue de sus artes de seducción, de hechizo, de encantamiento, de enamoramiento."

No podemos "entrarle" a todas las personas de la misma forma. Es necesario tener presente algo tan obvio como saber que cada ser humano es diferente, y algunos, "muy diferentes". De allí que, dependiendo de la persona que se trate, deberá ser la forma que asuma nuestro comportamiento, nuestra actitud frente a ella.

Para ello, es necesario que realicemos nuestra propia calificación, partiendo de algunos esquemas psicológicos muy utilizados por las escuelas de marketing. Necesitamos "conocer" a los humanos.

## CONOCIENDO A LOS HUMANOS

Los seres humanos no somos muy diferentes los unos de los otros. A estas alturas del desarrollo de la humanidad, y en consecuencia, de la evolución de las ciencias, y entre ellas las ciencias psicológicas que estudian la personalidad, tenemos la suerte de saber que existe una serie de patrones. Modelos en los que cada uno de nosotros encajamos, en mayor o menor medida.

Por mucho que algunos quieran diferenciarse de los demás, los de la humana especie gozamos de determinadas características innatas.

Aun y cuando es cierto eso que se dice de que cada individuo es único e irrepetible, también lo es que todos tenemos una serie de rasgos distintivos que nos delimitan, y que nos permiten ser encasillados en determinados grupos individualizados.

Se dice que todos los seres humanos, sin excepción, tenemos dentro de nosotros, tres formas de ser del "YO".

A saber:

1.- El "YO" padre

2.- El "YO" adulto

3.- El "YO" niño

Cuando decimos que todos tenemos estas tres formas del yo, nos referimos a "TODOS". Desde el bebé que acaba de nacer, hasta el anciano más viejo del planeta.

Veamos en qué consiste cada una de estas "formas del yo".

1.- El "YO" padre es la parte de nosotros que representa al protector, el fuerte, represor, agresivo, celoso, todopoderoso. Aquel que nada teme, que piensa que todo lo puede resolver.

2.- El "YO" adulto es la parte de nosotros que representa al maduro, reflexivo, analítico, metódico, ordenado. Es el que busca solución a los problemas de forma razonada, pensada, meditada.

3.- Y por último, el "YO" niño viene a ser esa parte de nosotros infantil, juguetona, mimosa, traviesa, inquieta, hiperactiva. A su vez, nuestro "YO" niño también puede ser miedoso, tímido, llorón, asustadizo.

La parte de nuestro "YO" que ejerza mayor influencia sobre el resto, será la que determine nuestra personalidad, nuestra forma de ser.

Quien tiene más de "yo padre" será una persona fuerte, atrevida, agresiva, violenta. Una persona que le gusta llevar la iniciativa en todo, tomar la batuta, llevar el mando, el control de la situación.

El que tiene más desarrollado su "yo adulto", será una persona con la que se puede razonar, dialogar, porque tendrá una personalidad de marcado tinte racional, maduro, coherente, reflexivo.

Y finalmente, quien tiene desarrollada más su personalidad en torno a su "yo niño", será una persona de marcado carácter infantil, inmaduro. Una persona a la que no le gustan las complicaciones, a la que le gusta que le hagan las cosas, que se las den hechas.

Lo que hacemos los seres humanos entre nosotros mismos no es otra cosa que relacionarnos, vincularnos a través de la comunicación.

La parte de nuestro yo que ejerce mayor influencia sobre nosotros es decisiva a la hora de establecer relaciones con otras personas.

Del conocimiento sobre la personalidad del otro se puede llegar a saber cómo le gusta ser tratado.

Si tenemos más de nuestro "yo padre", nos gustará que nos traten más como a tales, que la gente se subordine a nosotros, que nos obedezcan, que nos muestren reconocimiento, respeto y sumisión.

Si tenemos más de nuestro "yo adulto" nos sentiremos muy a gusto con quienes sepan razonar, dialogar, reflexionar con nosotros.

Y por último, si tenemos más de nuestro "yo niño", nos sentiremos más a gusto cuando nos traten como a críos, como a niños. Nos gustará que nos mimen, nos protejan.

¿De qué le sirve todo esto a un gestor inmobiliario?

Muy sencillo.

Es partiendo de ese conocimiento que se pueden proyectar las estrategias de comunicación, de interrelación, y con ellas, alcanzar los objetivos propuestos.

Una persona que sabe cómo tratar a otra tiene muchas ventajas frente a ella a la hora de negociar. Sabrá cómo comportarse ante ella, como convencerla, como ganarse su simpatía, y con ella, su generosidad. Tendrá un trecho importante adelantado a la hora de llevarla a su terreno.

# CAPÍTULO 8

## TÉCNICAS DE MARKETING

¿Qué es el marketing?
Se suele definir al marketing como al grupo de técnicas dirigidas a lograr la comercialización de un producto determinado.

Hemos dicho en varias ocasiones que los gestores inmobiliarios no somos más que simples vendedores. Vendemos "algo". Ese algo es un producto que nos reporta beneficios.

¿Qué vendemos? ¿Cuál es nuestro producto?

No vendemos casas, fincas o apartamentos ¡NO! Nuestro producto no es ese. Nuestro producto es nuestra actividad, nuestra gestión. Es por eso que nos pagan. Es de allí que obtenemos nuestros beneficios.

Como vendedores que somos, necesitamos tener presentes algunas nociones y estrategias básicas del mundo de la venta. Una serie de consejos útiles para vender cualquier tipo de producto. Le valen igual a un vendedor de aspiradoras que a un gestor inmobiliario.

## 1.- SIENTE AMOR POR LA VENTA.

La venta, genéricamente entendida, es un proceso que se concibe como el acto de convencer a otro de que compre. En cierta forma, es un proceso de autorrealización. Nos sentimos auto-realizados cuando logramos vender algo, cuando logramos convencer a alguien de que nos compre lo que ofrecemos. Nace una satisfacción inmensa por el hecho de haber conseguido un objetivo que nos habíamos propuesto. Y eso sin contar con la satisfacción que nos vendrá si, al mismo tiempo, nos hemos hinchado los bolsillos.

Quizás, mientras no hayamos obtenido nuestros primeros logros, no comenzaremos a sentir el amor que necesitamos tenerle a la venta. Pero os aseguro que en cuanto veáis los resultados, las cosas comenzarán a cambiar.

Comenzareis a tratar de aprender más sobre cómo vender, sobre cómo seducir, sobre cómo adquirir más y más clientes, y con ello, más y más dinero ¡Qué felicidad!

El buen vendedor no es más que un seductor nato. Una persona capaz de hacer nacer en su cliente la necesidad por lo que ofrece. Y no solo hace nacer en él la necesidad por lo que ofrece, sino que también tiene que ser capaz de mostrarle las alternativas viables para adquirirlo.

El ejemplo de una experiencia propia quizás sirva para ilustrar de lo que hablo.

En una ocasión, entré con mi hija de 12 años en un concesionario de venta de motocicletas. Casualmente pasábamos por allí. No estábamos interesados en comprar ninguna, sino solo en mirar. Jamás en mi vida había conducido una de aquellas. El vendedor, un chico joven muy sagaz, se acercó a mí para preguntarme qué tal me parecían las motocicletas, si me gustaban. Le dije que sí, que estaban muy bonitas. Seguidamente, me pidió que me subiera a una de ellas, la que quisiera. Al hacerlo, me dijo que imaginara la brisa dándome en el rostro mientras las chicas me miraban al pasear por las tardes por una gran avenida rodeada de árboles. Sonriendo, le dije que sí, que lo imaginaba, pero que yo no tenía carnet de conducir motos ni experiencia. Me dijo que con mi carnet de conducir coches no necesitaría del de motocicletas. También me dijo que por la experiencia no me preocupara porque ellos me podían dar algunas clases sin costo alguno. Le dije que no tenía dinero, y me dijo que eso no era problema, que él se encargaría de conseguirme el financiamiento.

Me quedé callado por unos instantes y él me dijo que no me considerara acosado, que a él solo le interesaba vender, pero que si yo no quería comprar no había ningún problema.

Antes de retirarse, me dijo que me podían dejar una de las motocicletas del establecimiento unos días para que la probara sin ningún compromiso, o que podía asistir a sus clases gratuitas para aprender a conducir motocicletas cuando quisiera. No hacía falta que comprara ninguna. También me comentó que si prefería, lo consultara con mi esposa o el resto de mi familia. Le dije que era viudo y que mi única familia era la niña que me acompañaba; mi hija. Me dijo que pensara si me merecía o no el placer de la motocicleta. Después de eso, me dijo que ya no me diría nada más, que el resto era cosa mía.

Efectivamente, después de esto se fue a su oficina y me dejó solo con mis pensamientos. Mi hija, que estaba atenta oyendo la conversación, me dijo que hiciese lo que creyera conveniente. Se ve que había captado que estaba dudando.

El ágil vendedor no solo me había mostrado las virtudes de comprar la motocicleta, sino que también había tocado mi fibra psicológica. Había hecho nacer en mí una necesidad que antes no tenía; la de andar en motocicleta.

Salí de allí despidiéndome del vendedor con un gesto de adiós. Pensé que aunque fuese tentadora la oferta, no tenía ganas de meterme en semejante problema. Sin embargo, durante los días siguientes soñé varias veces con lo que me había dicho el vendedor; que andaba paseando con mi motocicleta por una avenida grande rodeada de árboles, y en las aceras contiguas algunas chicas me sonreían al verme pasar.

Dos meses después, compré la motocicleta. No me ocurrió lo de las chicas sonriendo al verme pasar, pero sí lo de pasearme en motocicleta por las avenidas de mi ciudad.

## 2.- CONOCIMIENTO DEL PRODUCTO QUE VENDES.

Si no conoces bien lo que vendes, estás condenados irremisiblemente al fracaso. Tenemos que conocer muy bien el producto que vendemos.

Ya hemos dicho hasta la saciedad que nuestro producto es la intermediación, el servicio humano. Nuestra puesta a disposición para realizar todas las gestiones que se requieren en el negocio inmobiliario que se trate.

Nuestra oferta lleva implícita consigo la puesta a disposición de nuestros clientes de un presunto conocimiento que debemos tener del sector inmobiliario.

De allí que es "indispensable" mantenernos al día en el conocimiento de las variaciones de precios en el mercado inmobiliario; los intereses de las hipotecas; los requisitos para contratar una hipoteca; el precio de los servicios (agua, luz, gas, comunidad); las comisiones que cobran las inmobiliarias de la competencia; la legislación sobre los inquilinos; etc.

Todo conocimiento que podamos adquirir y/o tener a mano en el ejercicio de nuestro trabajo, será poco. Es imprescindible mantenernos al día.

¿Cómo se adquieren estos conocimientos?

Con la práctica.

Cada gestión que realicemos, cada negocio que cerremos, no servirá para ir acrecentando en nosotros el caudal de conocimientos que necesitamos.

Las fundamentaciones teóricas siempre son necesarias e indispensables. Cuando no se sabe algo, se investiga, se pregunta, se consulta. Mas, por mucha teoría que estudiemos, nada suplirá el conocimiento que se adquiere del día a día, de la experiencia.

## 3.- ESTAR AL DÍA CON LOS PRECIOS DEL MERCADO INMOBILIARIO.

Después de cierto tiempo de ejercicio, el gestor inmobiliario debe ser capaz de determinar, en mayor o menor medida, el precio promedio para el alquiler o la venta de un inmueble ubicado en su zona de influencia.

Esta es una habilidad que surge espontáneamente como consecuencia de comparar diariamente unos inmuebles con otros, y de familiarizarse con el mercado en el que nos desenvolveremos.

Ocurre lo mismo a los vendedores de coches usados, que con el tiempo aprenden a determinar el valor de un coche en un momento determinado con solo saber la marca, modelo y estado general del mismo.

Un gestor inmobiliario debe ser capaz de estimar el precio para la venta o alquiler de un inmueble solo con mirarlo. Esto es independiente de su precio real. Hay empresas y profesionales del avalúo que solo se dedican a eso; a realizar avalúos. Los avalúos que hace un gestor inmobiliario no tienen porqué ser técnicos. Sus estimaciones de un precio de mercado se basan en lo que en un momento determinado estén pidiendo en promedio los propietarios por la venta o el alquiler de sus inmuebles, y también por lo que el mercado de clientes esté dispuesto a pagar.

## 4.- SER UNO MISMO.

El gestor inmobiliario, en su faceta de vendedor de puerta fría, debe procurar mostrarse tal cual es, sin máscaras. Ocurre que, por lo general, cuando vamos a realizar un contacto de puerta fría y nos encontramos al posible nuevo cliente, este captará intuitivamente nuestros disfraces y nos pagará con la misma moneda poniéndose otro. ¿Entonces, cual es la gracia?

No podremos convencerlo de nada, ni adentrarnos en su yo interior porque estará disfrazado, al igual que nosotros mismos. Lo que habremos iniciado, en lugar de una posible negociación fructífera, será un juego de engaños que no nos reportará ningún beneficio.

En cambio, si procuramos la sinceridad, estaremos estimulando en él una respuesta similar, que es lo que en realidad queremos.

Así, nadie engañará a nadie. Además, no es necesario.

## 5.- EL SALUDO SINCERO Y LA SONRISA CORDIAL.

No pueden faltar. Tan pronto entremos en contacto visual con nuestro posible nuevo cliente, esbocemos una sonrisa cordial.

"A nadie amarga un dulce", se suele decir. Una sonrisa cordial, sincera, sin visos de falsedad, contribuye en mucho a la apertura de cualquier conversación, de cualquier negociación.

De esto se suelen servir mucho los políticos en sus campañas electorales. Es muy difícil, por no decir imposible, verlos con "caras de perro", con ceños fruncidos. Saben bien que esta es una forma de agradar a sus votantes.

Por muy feo que uno sea, al sonreír, todos parecemos un poco más bonitos (aunque siempre se encuentra uno a gente como yo, que cuando reímos parece que más bien estamos llorando)

## 6.- DESPERTAR LA ATENCIÓN, EL INTERÉS Y EL DESEO:

Es fundamental despertar la atención, el interés del cliente por nosotros.

Cuando "el saludo sincero y la sonrisa cordial" de que hablábamos antes, no nos han servido para estimular la atención de nuestro posible cliente, hay algunos "pequeños trucos" que podemos utilizar.

Para despertar la "atención" de nuestro posible cliente podemos hacer alguna de estas cosas:

a) Hagámosle una pregunta simple.

b) Hagamos una afirmación sorprendente.

c) Utilicemos una frase enigmática.

d) Presentemos un pequeño obsequio simbólico.

e) Hagamos referencia a un cliente o amigo suyo.

f) Usemos un cumplido sincero y admirativo.

g) Proporcionémosle una noticia de última hora que sepamos le vaya a interesar.

h) Hagámosle una discreta y útil sugerencia.

Por otro lado, para despertar "el interés y el deseo" de nuestro posible cliente, podemos recurrir a los siguientes consejos:

a) Hagamos una breve demostración, lápiz en mano, presentándole cifras y resultados convincentes.

b) Dramaticemos las ventajas y pérdidas que tendría de no utilizar los servicios que le ofrecemos.

c) Presentémosle testimonios de clientes satisfechos con nuestros servicios, aportándole pruebas, si son necesarias.

d) Observemos detenidamente su lenguaje corporal, adecuando nuestros argumentos a lo que vayamos descubriendo.

e) Busquemos su convicción siendo claros y breves, trabajando sobre él los argumentos claves del asunto, que no son otros que EN CUÁNTO Y CÓMO SE BENEFICIARÁ DE NUESTROS SERVICIOS, DE NUESTRA GESTIÓN.

f) Procuremos, de manera constante, la conformidad de nuestro futuro cliente con nuestros argumentos; con el hecho cierto de que carece de las ventajas que le reportarían nuestro trabajo, nuestra gestión; e insistamos de manera fehaciente en que nosotros, Y SOLO NOSOTROS, podemos proporcionarle esas ventajas.

g) Evoquemos en él, con nuestras palabras, imágenes que lo sitúen ya disfrutando de los beneficios de nuestra intermediación. Al utilizar esta técnica, procuremos irnos más al lado sentimental, afectivo, emocional de nuestro hipotético futuro cliente.

## 7.- PRONUNCIEMOS EL NOMBRE O APELLIDO DEL CLIENTE CON FRECUENCIA:

Nuestros nombres son el sonido más dulce que podemos escuchar de labios de otro. Esto lo saben muy bien los negociadores en situaciones de rehenes; los vendedores por teléfono (que lo primero que hacen es preguntarnos el nombre para dirigirse a nosotros); los políticos en las ruedas de prensa (que suelen llamar a cada periodista por su nombre); etc.

Parece una tontería, pero psicológicamente hablando, escuchar nuestro nombre repetido en distintas ocasiones por la misma persona, tiene un fuerte impacto positivo.

Es una forma de ir amansando la fiera.

## 8.- SEAMOS BUENOS OYENTES.

Los seres humanos, como seres afectivos que en realidad somos, tenemos una inmensa necesidad de ser acariciados. Estas caricias no tienen por qué ser físicas necesariamente, sino que, como ya hemos visto, se pueden hacer de muy distintas formas, desde la simple pronunciación repetida del nombre o el apellido del posible cliente, hasta el halago, la adulación y el elogio sincero.

Existe, además, una forma de acariciar a otro sin que se dé cuenta, y que es muy efectiva para lograr su aceptación, romper el hielo y entrar en ese mundo interior suyo que tanto necesitamos para poder manipularlo para nuestros fines. Es el "arte" de escucharlo.

En una entrevista, debemos intentar, más que hablar, escuchar. Tenemos que tratar de que nuestras palabras iniciales se dirijan a estimular el deseo de hablar, de decir cosas, de pronunciarse. Una vez alcanzado ese primer objetivo, escuchemos con detenimiento, de forma atenta y sincera, todo aquello que nuestro

179

posible cliente nos quiera decir. No lo distraigamos. No lo interrumpamos.

No se trata de colocarnos la máscara del "buen escucha". No estemos pensando lo que iremos a decir cuando nos toque el turno de hablar, perdiendo así la concentración en lo que nuestro posible cliente nos esté diciendo. Cuando nos toque hablar, hablaremos. Pero, ya nos habremos ganado una buena parte de la atención y la confianza del cliente al haberle hecho el inmenso favor de obsequiarle con la caricia psicológica que el arte de la escucha es.

## 9.- SEAMOS CONSCIENTES DE NUESTROS LÍMITES.

Al ser gestores inmobiliarios, estamos operando con material explosivo, es decir, tratamos sobre temas sobre los cuales existe mucho de lo que hablar. El sector inmobiliario abarca muchas esferas del sentimiento humano, que van desde lo meramente material, hasta lo estrictamente afectivo, emotivo. Estamos hablando de objetos que tienen la cualidad de hacer sentir emociones distintas en las personas.

Por eso no está bien presumir de "sabelotodos", de "sabiondos". Porque un mismo inmueble puede ser visto de distintas formas dependiendo de quién lo esté observando. No vemos nosotros de la misma forma un piso a vender, que la persona cuya familia haya vivido en él durante años, o generaciones. Para nosotros solo representa dinero a cuantificar, para aquellos, afectos, recuerdos, costumbres, etc. Temas sobre los cuales no podemos ni debemos opinar porque simple y llanamente, no somos expertos en ellos. Los únicos expertos en lo que se siente a la hora de deshacerse de un inmueble, son sus propietarios.

Tampoco podemos pasarnos a la hora de presumir sobre nuestros conocimientos sobre el mundo inmobiliario, porque aunque sepamos mucho del mundo del ladrillo, siempre habrá quien sepa más que nosotros

Es por eso que es tan importante lo que señalábamos en párrafos anteriores, acerca de procurar extraer la mayor cantidad de información posible de nuestro posible cliente, antes de entrar de lleno a negociar con él. Mientras más información tengamos, mejor para nosotros, mejor para conocer ante quien estamos y cuáles serán nuestros límites frente a él.

## 10.- ADMITIR LAS OBJECIONES VÁLIDAS.

Ciertas objeciones a nuestro trabajo no son posibles de ser rechazadas por una razón muy sencilla; porque son irrefutables, ciertas, auténticas.

Rindamos el honor a nuestros clientes de aceptarlas, y de ser posible, felicitémoslo por su argumentación. Pongamos de relieve a continuación, que tales objeciones quedan más que compensadas por el servicio que ofrecemos. Fíjese que no se trata de decir que las objeciones no son ciertas, verdaderas, sino que "quedan compensadas" por otras cosas.

El principal beneficio de aceptar una objeción como válida está en que el cliente quedará impresionado por nuestra sinceridad, por nuestra franqueza. Y eso, no tiene precio.

## 11.- NO USEMOS LA EXPRESIÓN: "SI, PERO..."

La persona que inventó el "Si, pero..." no era un psicólogo, y muchísimo menos un vendedor.

La palabra "pero" es como una granada de mano a punto de estallar. Produce la inmediata sensación de confrontación, de choque, de contienda, de combate, de contradicción, de inicio de conflicto. Es una palabra que enfría inmediatamente la cordialidad, genera antagonismo, ganas de rebatir, y paraliza el proceso persuasivo.

Mucho más afectiva, suave y cordial es la palabra "y..." Veamos un ejemplo:

Si el cliente nos dice;

«Me parece que la comisión que cobráis es muy alta»

No es lo mismo contestarle:

«Si, pero somos una empresa seria y responsable con la cual usted saldrá beneficiado porque (bla, bla, bla,...) »

Que:

«Si, y somos una empresa seria y responsable, con la cual usted saldrá beneficiado porque (bla, bla, bla,…) »

En la primera respuesta se nota el choque, el golpe, mientras que en la segunda lo que se nota es una continuidad, un equilibrio, una serenidad.

## 12.- RECOMENDACIONES PARA EL CIERRE.

Cuando tengamos la sensación de que el negocio está a punto de cierre, no perdamos el tiempo, y actuemos siguiendo estos consejos:

a) Solicitemos al cliente en pocas palabras que tome una decisión.

b) Nunca perdamos la confianza en que el cliente accederá a nuestras peticiones.

c) Guardémonos en reserva un argumento importante aun no expuesto a nuestro favor, por si el cliente se muestra vacilante a última hora.

d) Reservémonos una pregunta importante para el empuje final.

e) Consigamos que el cliente diga "SI" sobre cualquier cosa. Mientras más veces lo diga, mucho mejor. Es una forma de ir venciendo las barreras de su cerebro.

f) ¡Nunca! abandonemos.

g) No pongamos demasiada tensión en la fase final.

h) Si hay vacilación en el cliente, apelemos a un testigo que ya tenemos de cliente y que le ha ido muy bien con nosotros.

i) Hagamos aparecer el bolígrafo en el momento oportuno. Si es antes, asusta, si es después, induce a reflexiones finales muy peligrosas.

j) Logremos que el cliente encuentre mucho más difícil negarse que aceptar.

k) Cuando hayamos logrado lo que queremos ¡larguémonos inmediatamente! No perdamos el tiempo. Así evitaremos reflexiones peligrosas que pueden dar al traste con el objetivo alcanzado.

Hasta ahora hemos explicado las muchas cosas, acciones, que debemos realizar. La forma cómo debemos actuar. Mas, hay también cosas que ¡jamás! deberíamos hacer, y esas también tenemos que saberlas.

Algunas de las cosas que ¡nunca! deberíamos hacer en nuestra labor de captadores de clientes son las siguientes:

a) Al comenzar a hablar, nunca lo hagamos con una excusa ("Perdón, es que pasaba por aquí y...", ó: "Disculpe, es que vi su cartel de que alquila y...")

b) Nunca obliguemos al cliente a darnos la mano. Dejemos que sea él quien tome la iniciativa.

c) Mantengamos una distancia física razonablemente cercana con el cliente, pero sin invadir su esfera interna, su zona íntima.

d) No fumemos delante del cliente, si él no lo hace.

e) No comencemos el contacto con un chiste, a menos que el chiste sea a costa de nosotros mismos.

f) ¡Jamás! hablemos al cliente de nuestras dificultades, de nuestros embrollos, de nuestros problemas.

# CAPÍTULO 9

## EL FRUTO DEL TRABAJO DEL GESTOR INMOBILIARIO: LAS GANANCIAS

No suelen estar regulados los beneficios que un gestor inmobiliario deba obtener por su trabajo. Su actividad no es igual a la de un empleado común, si bien es cierto que si trabaja para otro las cosas son muy diferentes, porque en ese caso sí que tendría que tener un sueldo establecido.

El oficio de gestión inmobiliaria es una actividad liberal. Cualquier persona se puede dedicar a esto, ya lo hemos dicho en capítulos anteriores. Solo basta con tener la disposición.

Lo que comúnmente ocurre es que el gestor inmobiliario pacta previamente con el propietario y/o arrendador de un inmueble cuál será el precio a pagar por su gestión. Y ese pacto, por ser ley entre las partes, debe respetarse. Es de obligatorio cumplimiento, y en consecuencia se puede demandar ante los tribunales en caso de quebrantamiento.

¿Cuáles son los límites de ese pacto?

Los que las partes hayan querido establecer.

También hemos comentado en capítulos anteriores que un contrato solo tiene la limitación de aquello que las leyes prohíben. Todo lo que no está prohibido, está permitido.

Las partes pueden acordar a su libre albedrío cuánto quieren establecer como ganancia para el gestor por cada transacción que realicen.

Sin embargo, el uso y la práctica de esta actividad, ha devenido en unos usos y costumbres muy extendidos por todo el mundo. No quiere decir por eso que sean las únicas formas de establecer las ganancias de los gestores, sino que son lo que se ha dicho: usos y costumbres muy extendidos.

Según ellos, dos son las formas mayoritariamente utilizadas para establecer el precio que va a cobrar el gestor inmobiliario por sus servicios.

1.- Porcentaje

2.- Sobreprecio

Esto va a depender del tipo de operación que se esté ventilando, ya sea que se trate de una venta o ya sea que se trate de un arrendamiento.

Veamos ambos casos por separado.

VENTAS:

En materia de ventas, las ganancias se suelen fijar de la siguiente forma:

1.- Porcentaje:

Consiste en fijar una taza porcentual sobre el precio de venta a pagar por el comprador.

Por ejemplo, si se determina que la ganancia que percibirá el gestor inmobiliario por su trabajo será del 5% sobre el valor de la venta, y el inmueble se vende por la cantidad de 100.000€, su ganancia será la cantidad de 5.000€.

2.- Sobreprecio:

Consiste es establecer que la ganancia del gestor inmobiliario por sus servicios será la diferencia entre el precio efectivamente pagado por el comprador, y el precio de venta previamente pactado entre el gestor inmobiliario y el vendedor.

Por ejemplo, si se ha pactado que el precio de venta para el vendedor de un inmueble será la cantidad de 100.000€, y el gestor logra venderlo por la cantidad de 120.000€, la ganancia del gestor inmobiliario por su trabajo será la cantidad de 20.000€

## ARRENDAMIENTOS:

En materia de arrendamientos, tenemos que distinguir dos situaciones; el acto del arrendamiento en sí mismo, y la administración del inmueble arrendado.

En el primer caso, esto es, el acto del arrendamiento en sí mismo, las ganancias se suelen cobrar directamente al inquilino, no al propietario.

Se cobra el equivalente a un mes de arrendamiento, por concepto de "gastos administrativos". Algunos lo llaman también "un mes de comisión".

De esta manera, el arrendatario (inquilino), aparte de los meses que tenga que depositar como fianza por el inmueble (normalmente dos) y/o el mes que tiene que pagar por adelantado, se le sumará un mes más como pago por la gestión de la inmobiliaria.

En el segundo caso, esto es, en caso de que el gestor inmobiliario asuma también la administración del inmueble arrendado (cobrar los alquileres y abonárselos mes a mes al arrendador-propietario en su cuenta bancaria), las ganancias se suelen pactar de común acuerdo con el arrendador, teniendo nosotros asimismo, las siguientes modalidades:

1.- Porcentaje

2.- Sobreprecio

1.- Porcentaje

Se trata de fijar una taza porcentual sobre la cantidad a pagar mensualmente por el arrendatario, la cual será utilizada para pagar al gestor inmobiliario por el hecho de su gestión.

Por ejemplo, si un arrendador paga cada mes la cantidad de 600€, y se ha determinado que el gestor inmobiliario cobrará por su gestión el porcentaje del 10%, la cantidad que devengará por su función será de 60€ mensuales.

## 2.- Sobreprecio

En este caso se determina que lo que cobrará el gestor inmobiliario por su gestión, será la diferencia entre el precio previamente pactado con el cliente-arrendador, y la cantidad final efectivamente cancelada por el inquilino-arrendatario.

Por ejemplo, si se ha pactado entre el gestor inmobiliario y el propietario-arrendador que el inmueble se va a arrendar por la cantidad de 600€, y el gestor inmobiliario logra arrendarlo por 700€, la cantidad a percibir por este último será de 100€ mensuales.

## NOTA FINAL

Una vez visto y aprendido lo básico que hay que saber para trabajar en este mundo de la intermediación inmobiliaria, lo único que nos queda por aprender y manejar es la temática correspondiente a la elaboración y gestión de los contratos inmobiliarios.

Para ello he elaborado un texto completo con los formularios que se necesitan para trabajar en este sector, y que constituye la segunda parte de este trabajo. Un libro que es en realidad un compendio de contratos y formularios para ejercer en España. Por eso no se incluye en este trabajo. Porque este está concebido para ejercer en cualquier país del mundo, tomando en cuenta las diferencias específicas de cada cual. El anexo de contratos es solo específico para España.

Si eres un lector español y te interesa adquirirlo, puede hacerlo en cualquier plataforma de distribución de libros digitales con el nombre de: EL OFICIO DE GESTOR INMOBILIARIO (II) - (CONTRATOS Y FORMULARIOS)

www.ingramcontent.com/pod-product-compliance
Lightning Source LLC
Chambersburg PA
CBHW071812200526
45169CB00017B/181